Crypto Daemon

Hans Ulrich

Crypto Daemon

Erzählung

Engelsdorfer Verlag
Leipzig
2024

Bibliografische Information durch die
Deutsche Nationalbibliothek: Die Deutsche Nationalbibliothek
verzeichnet diese Publikation in der Deutschen
Nationalbibliografie; detaillierte bibliografische Daten sind im
Internet über https://dnb.de abrufbar.

ISBN 978-3-96940-801-8

Lektorat: Friedhelm Zühr

Titelbild © GraphiteCat [Adobe Stock]

Hergestellt in Leipzig, Germany (EU)

Gedruckt auf FSC®-zertifiziertem Papier

www.engelsdorfer-verlag.de

12,60 Euro (DE)

Inhalt

1. Sigurd Paulsen

Sigurd Paulsen sitzt seit Stunden an seinem Schreibtisch in der Complan GmbH, umgeben von der Dunkelheit der Nacht. Die Deckenlampen flackern unruhig und tauchen den Raum in ein gespenstisches Licht. Das grelle, bunte Leuchten der Monitore wirft verstörende Schatten auf sein Gesicht und vermittelt ihm das Gefühl, in einem gläsernen Aquarium gefangen zu sein. Die Server surren monoton, während die Spy-App die Daten der gehackten Mobiltelefone hochlädt. Seit Wochen beschäftigt er sich mit dem Datendiebstahl für Besfort Pasha. An den Bürowänden hängen Fotografien, die sowohl bunte Graffitis als auch billige Kunstdrucke oder Familienbilder zeigen. Auf einem der Fotos ist Sigurd zu sehen, bekleidet mit einer grünen Anglerhose und einem Schlapphut, während er lachend eine Angelrute in der Hand hält.

Sigurd hockt da, gekrümmt und müde, als trüge er die Last der Welt auf seinen Schultern. Seine leisen Selbstgespräche klingen nach Selbstvorwürfen. Er fährt mit beiden Händen durch sein lichter werdendes Haar und richtet sich langsam auf, als ob er sich gegen eine unsichtbare Last stemmt. In seinen Augen spiegelte sich eine Mischung aus Erschöpfung und Verzweiflung wider. Er schaut auf das mit einer Lichterkette illuminierte Bürofenster, das wie ein funkelndes Portal in die Dunkelheit wirkt. Bevor er sich mit einem Seufzer auf die Besuchercouch fallen lässt, betrachtet er sein lichtumflortes Abbild im Fenster, das wie eine verzerrte Version seiner selbst aussieht. In diesem Moment spürt er eine unerklärliche Sehnsucht nach Veränderung, nach einer neuen Richtung in seinem Leben.

Sein Gesicht ist bleich, die Stirn mit Schweiß bedeckt. Der dreiundvierzigjährige Sigurd sieht aus wie jemand, der noch spät in der Nacht in einer düsteren Bar ein letztes Bier bestellt. Sein linkes

Auge ist rot unterlaufen, was seinem Blick etwas Wildes und Unberechenbares verleiht. Aus einer Packung Schmerzmittel nimmt er eine Tablette aus der Aluminiumfolie. In diesem Moment wirkt er seltsam unbeholfen und schutzbedürftig.

Paulsen ist kein großer Mann, aber wenn er vor einem steht, wirkt er massig und präsent. Seine Wangen und sein Unterkiefer ziehen seinen Mund in einem kräftigen Schwung nach unten, was ihm ein derbes Aussehen verleiht. Ein dunkler Bartschatten verstärkt diesen Eindruck noch. Seine Augen liegen eng beieinander und sind tief in den Höhlen verborgen. Ihr dunkles Braun vermittelt eine Mischung aus Melancholie und Schmerz, die eine geheimnisvolle Anziehungskraft auf Frauen ausübt.

Wenn man ihm zum ersten Mal begegnet, scheint er einer der freundlichsten und zurückhaltendsten Menschen zu sein, die man je getroffen hat. Erst allmählich offenbart sich, dass er ein ernster, kantiger Mann ist, der seine Ansichten mit schroffen Worten ausdrückt. Sein äußeres Erscheinungsbild vermittelt den Eindruck von Seriosität, doch in den Abgründen seiner Seele tobt ein ständiger Kampf voller Zweifel. Seine Kollegen beschreiben ihn als verschlossen und distanziert und als jemanden, der mit Widerspruch nur schwer umgehen kann. Aber wegen seiner fachlichen Kompetenzen wird er als IT-Ingenieur respektiert und anerkannt.

Niemand in der Complan GmbH weiß, dass er seine Fachkenntnisse dazu nutzt, betrügerische Geschäfte zu betreiben, die illegal oder zumindest moralisch fragwürdig sind. Seine Kollegen und Freunde ahnen nichts von seinen dunklen Geheimnissen und ungelösten Konflikten, denn er ist ein Meister darin, seine Dämonen vor anderen zu verbergen.

Ein sachtes Ping durchbricht die Stille des Raumes und meldet die Fertigstellung des Downloads. Die Daten von Karnowskis Telefonen sind nun auf einer Harddisk gesichert. Sigurd speichert die elektronischen Aufzeichnungen zusätzlich auf einem USB-Stick, um sicherzustellen, dass die Daten zweifach vorhanden sind.

Bei ihrem Treffen vor einigen Monaten erhielt er von Besfort Pasha lediglich einige Mobiltelefonnummern, einen Namen und einen Firmennamen: Igor Karnowski und Globda Im- und Export, ein deutsch-russisches Unternehmen mit Niederlassungen in Berlin und Sankt Petersburg.

Morgen wird er die beiden Datenträger an Besfort Pasha übergeben. Ein kaum merkliches Lächeln umspielt seine Lippen, als er an die bevorstehende Übergabe denken muss. Die Worte, die Pasha ihm mit auf den Weg gegeben hat, hallen in Sigurds Kopf wider wie ein düsteres Echo: Sollte ihre illegale Aktion durch die Sicherheitsbehörden auffliegen, würde Pasha jegliche Beteiligung leugnen und das auch bezeugen lassen. Sigurd ist sich darüber im Klaren, dass er in einen Strudel des Verderbens geraten kann, doch er muss weitermachen, um sein paranoides Ego zu befriedigen.

Bei einer flüchtigen Durchsicht der Daten fällt ihm auf, dass Karnowski über zwanzig verschiedene E-Mail-Accounts benutzt. Er hat die Passwörter dafür in einem unverschlüsselten Passwortmanager hinterlegt, sodass sich Sigurd einige dieser Postfächer ansehen kann. Er wirft einen Blick auf die Textnachrichten, die fast alle in kyrillischer Schrift verfasst sind.

Er öffnet die Kategorie Crypto Daemon auf dem E-Mail-Account wallcaz@progress.ru eher zufällig und ist überrascht, da dort die englischsprachige Korrespondenz mit einer in Hongkong ansässigen schweizerischen Kryptobank ABES hinterlegt ist, was seine Neugierde und sein Misstrauen gleichermaßen weckt.

Im Internet recherchiert er, dass die ABES ein Handelssystem für Bitcoins und andere Kryptowährungen betreibt und ihren Kunden anbietet, Käufe und Verkäufe direkt und sicher über sie abzuwickeln. Sigurd überprüft einige der E-Mails und stellt überrascht fest, dass Geldbeträge in Millionenhöhe transferiert wurden. Seine Gedanken überschlagen sich. Sind diese Transaktionen der Grund für den Datendiebstahl, der von Besfort Pashas beauftragt wurde? Er speichert die heruntergeladenen Dateien auf einem zusätzlichen USB-Stick ab.

Wenn er noch rauchen würde, würde er jetzt rauchen. Wenn er Alkohol zu trinken hätte, würde er jetzt trinken. Er denkt lange nach, geht grübelnd auf und ab, bevor er den E-Mail-Account wallcaz@progress.ru auf der Festplatte und auf dem USB-Stick für Besfort Pasha löscht.

2. Besfort Pasha

Sigurd überquert eine altmodische Holzbrücke, dort, wo die Weidenstraße die Bahngleise kreuzt. Die Straße verläuft mitten durch die Stadt, zwischen Steinmauern hin, die von einer Rußschicht bedeckt sind, als seien sie dunkel angestrichen. Das Wasser spiegelt die rosafarbene Abendsonne ebenso wie die Neonlichter der Bars längs des Wassers wider. Musik tönt aus den Kneipen. Die alten Holzbohlen der Brücke knarren unter seinen Füßen. Die Gehwege werden breiter, Parkuhren säumen seinen Weg, gegenüber einem leerstehenden Bankgebäude steht eine frisch in dunkelbraun gestrichene Holzbank. Aus einer Sportbar übertönt das Geschrei der Gäste das Klackern der Billardkugeln.

Über den Wipfeln des Stadtparks taucht der milchige Mond auf, der ihm plötzlich erscheint wie ein glänzendes Abbild seines gegenwärtigen Seelenzustands. Sigurd bleibt stehen und beobachtet seinen Schatten auf dem Asphalt, bevor er das Café Ballhaus betritt.

Besfort Pasha ist ein elegant gekleideter, hagerer Mann mit fahl dünnem Haar und blassgrauen Augen, die Sigurd misstrauisch anblicken. Sigurd hatte bereits bei ihrem ersten Treffen den Eindruck, dass er von klettenhafter Zähigkeit ist. Pashas Mitarbeiter durchsuchen ihn auf Mikrofonverkabelung, außerdem muss er sein Mobiltelefon abgeben.

Sigurd beschreibt seine Vorgehensweise mit der Spy App und die erfolgreiche Datensicherung. Pasha blickt ihm mit skeptischem Lächeln starr in die Augen, was Sigurd einen gehörigen Schrecken einflößt. Er ist kurz davor, seine Manipulation zuzugeben, und hat sich auch schon eine Lüge zurechtgelegt, etwas mit dekomprimieren oder so, um ihm das gelöschte E-Mail-Postfach nachzureichen.

Aber sein körpereigenes Warnsystem schlägt keinen Alarm. Eine Spur zu forsch schiebt er Pasha das kleine Paket mit der Festplatte und dem USB-Stick über den Tisch. Dabei berührt er leicht dessen Kaffeetasse. Das sanfte Scheppern des Porzellans erinnert ihn – schon leicht paranoid – an ein Totengeläut. Besfort Pasha starrt ihn unfreundlich an und fragt vorwurfsvoll-aggressiv, ob alle Daten übergeben und alle Spuren des Datendiebstahls beseitigt sind. Sigurd lügt ihn dreist an, ahnend, dass er gerade einen der größten Fehler seines Lebens begeht.

Pasha verschwindet in einem der Hinterzimmer, kommt bald darauf zurück, sieht Sigurd ins Gesicht, seufzt und bietet ihm eine Zigarette an. Sigurd erscheint sie in diesem Augenblick wie die letzte Zigarette vor einer Hinrichtung, die einem Delinquenten gereicht wird. Der erste Zug nach so vielen nikotinfreien Monaten bringt seinen Kreislauf in Aufruhr.

Pasha zieht seinen Stuhl näher an den Tisch heran und macht keine Anstalten, eine Konversation zu beginnen. Verlegen wischt Sigurd mit dem Handballen der rechten Hand über den Tisch.

Seine Gedanken vermischen sich ständig, finden keine klare Struktur. Er fühlt sich, als wäre er in ein feuchtes Tuch gehüllt. Sein Betrug, dieser Mix aus Eitelkeit, Lügen, Gier und Wagemut, wirkt wie ein Netz, in dem er sich verfangen hat. Vor Aufregung fuchtelt er wie ein Jongleur mit der Zigarette herum und ascht fahrig in den Aschenbecher. Sein Leben erscheint ihm plötzlich wie eine Folge von grotesken Pirouetten, die er wie bei einem magischen Tanz ohne jeden Sinn gedreht hat. Er atmet so tief ein, dass sein Magen verkrampft. Er riecht den üblen Zigarettenrauch in seinem Atem. Pasha schiebt ihm den Umschlag mit dem Honorar über den Tisch und fixiert ihn erneut, als wolle er noch etwas loswerden. Sigurd erwartet weitere Drohungen, aber nichts dergleichen geschieht. Besfort Pasha verlässt sein Leben wort- und grußlos.

3. Russenmafia

Sigurd blickt neugierig auf den Bildschirm seines Computers, während er sich das E-Mail-Postfach von wallkaz@progress.ru genauer ansieht. Die unzähligen Transaktionen, die über das Konto der Hongkonger Kryptobank abgewickelt wurden, bringen ihn zum Staunen. Warum ist der gesamte E-Mail-Schriftverkehr noch im Postfach vorhanden? Igor Karnowski muss davon überzeugt sein, dass der Host der Globda Im- und Export sicher ist. Vermutlich ist er der Meinung, dass ihn die Server in Sankt Petersburg vor den Überprüfungen der deutschen Bankenaufsicht schützen. Anders lässt sich sein sorgloser Umgang mit diesen subtilen Daten nicht erklären.

Sigurd überlegt: Karnowski ist russischer Staatsbürger mit einer Firma in Sankt Petersburg und transferiert Millionen auf ein Bitcoin-Konto in Hongkong. Plötzlich durchfährt ihn ein Gedankenblitz und ihm wird klar, dass er möglicherweise Einblick in ein Netzwerk aus Geldwäsche und illegalen Machenschaften bekommen hat. Im schlimmsten Fall handelt es sich sogar um die Geldgeschäfte der berüchtigten russischen Mafia. Diese Erkenntnis lässt seinen Atem stocken.

Er widmet sich der Recherche über die russische Mafia. Die Vielzahl an Informationen, die er im Internet findet, lässt ihn staunen. Die detaillierten Beschreibungen der historischen Entwicklung dieser Organisation überliest er. Sein Interesse gilt vorwiegend der Zeit nach 1991, als die Gemeinschaft Unabhängiger Staaten (GUS) gegründet wurde. Dadurch entstand ein neuer Raum für wirtschaftliche und sicherheitspolitische Kooperationen zwischen den zwölf Nachfolgestaaten der Sowjetunion. Doch bald zeigte sich, dass kriminelle Organisationen die Industrien dieser Regionen unterwanderten und die bedeutendsten Wirtschafts- und Industriestrukturen kontrollierten. Sie zweigten Staatsgelder ab und eigneten sich die Energie- und Metallressourcen an.

Sigurd vertieft sich immer mehr in diese düstere Seite der russischen Geschichte. Es kommt ihm vor, als würde er in einen spannenden Roman eintauchen, in dem die Grenzen zwischen Realität und Fiktion verschwimmen. Die Versuchung, die Wahrheit hinter den Transaktionen zwischen Karnowski und der Kryptobank zu erfahren, ist stärker als jede Angst vor den Gefahren, die ihn dadurch vielleicht erwarten. Sigurd spürt, wie sehr ihn dieses undurchdringliche Netz aus Intrigen und Machtspielchen fasziniert. Er ist wie hypnotisiert von dieser geheimnisvollen Welt, die so viel mehr zu bieten scheint, als er sich je hätte vorstellen können. In dieser Welt voller Geheimnisse und Gefahren fühlt er sich lebendiger und leidenschaftlicher als je zuvor in seinem Leben.

In der Wikipedia liest er, dass die russische Mafia im Jahr 1994, inmitten der Wirren Russlands, 150 Milliarden Dollar erwirtschaftete und bereits ein Drittel der Banken des Landes, 40 % der Industrieunternehmen und sogar 80 % der Joint-Venture-Unternehmen unter ihrer Kontrolle stand. Die Mafia breitete sich jedoch nicht nur in Russland aus. Wie ein dunkler Schatten drängten ihre Firmen in ganz Europa in legale Wirtschaftsstrukturen vor. Doch trotz der Zunahme halblegaler Geschäfte blieb eine dunkle Praxis bestehen: Schwarzgeld wurde weiterhin über Briefkastengesellschaften im Ausland gewaschen, ein unsichtbares Netzwerk der Korruption und Kriminalität, dass alle moralischen und ethischen Grenzen überschreitet.

Sigurd rutscht unruhig auf seinem Stuhl hin und her, als er erfährt, dass diese Verbrecherorganisation nicht nur über eigene Sicherheitsdienste und technisch ausgefeilte Überwachungsmethoden verfügt, sondern auch nachrichtendienstliche Operationen und Observationen durchführt. Die Mitarbeiter der organisierten Kriminalität sind bestens ausgebildet und verfügen über enge Kontakte zu den Machtstrukturen ihres Landes. Sie operieren mit ausgeklügelten Kommunikationsnetzen, die es ihnen ermöglichen, im Verborgenen zu agieren und ihre dunklen Machenschaften zu verschleiern.

Seit Präsident Putin sein Amt antrat, haben sich die Verflechtungen zwischen der organisierten Kriminalität und den staatlichen Institutionen dramatisch verändert. Die politischen Eliten begannen, die dunklen Mächte der Verbrecherwelt gezielt für ihre eigenen Interessen zu nutzen. Diese Allianz verwischte die Grenzen zwischen Recht und Unrecht und führte in eine düstere Zeit, in der die Schatten der Vergangenheit die Zukunft verdunkelten und das Land in einen Abgrund stürzte, aus dem kein Entkommen mehr möglich war. Laut einer Studie des European Council on Foreign Relations (ECFR) besteht eine enge Verbindung zwischen dem russischen Sicherheitsapparat, seinem Auslandsgeheimdienst, dem militärischen Geheimdienst und den russischsprachigen Mafiagruppen in Europa.

Sigurds anfängliche Euphorie weicht einer lähmenden Unsicherheit. Mit schweren Schritten durchquert er sein Büro, während düstere Gedanken seine Stirn kräuseln. Jeder Schritt scheint die Last eines unsichtbaren Rucksacks zu verstärken, der auf seinen Schultern ruht. Die Stille im Büroraum ist so drückend, dass er das Pochen seines eigenen Herzens spürt. Warum hat er Besfort Pasha nicht alle E-Mails von Igor Karnowski übergeben und dann den Datendiebstahl sofort vergessen, wie er es bisher immer getan hat? Seine Gedanken flattern wild durcheinander, wie eine Schar bunter Schmetterlinge auf der Suche nach Nektar.

Um sich zu beruhigen, schaut er sich die E-Mails von Igor Karnowski noch einmal genauer an. Die letzte E-Mail der Schweizer Hongkong Kryptobank hatte er bisher noch nicht gelesen. Er öffnet die Nachricht mit einem Doppelklick und benötigt einige Sekunden, um zu realisieren, dass Igor Karnowski vor fünf Tagen für 30 Millionen Schweizer Franken Bitcoins gekauft hat und somit sein aktueller Bitcoin-Kontostand dem Wert von 80 Millionen Schweizer Franken entspricht.

Sigurd ist sich nun zunehmend sicher, dass er im Auftrag von Besfort Pasha die Geldwäsche-Transaktionen einer der gefährlichsten Verbrecherorganisationen der Welt gehackt hat. Der Ernst dieser Situation drängt sich in sein Bewusstsein, als er erkennt, dass nun auch er in einem Netzwerk aus Betrügereien gefangen ist.

Wie von unsichtbaren Fäden gelenkt, kreisen seine Gedanken unaufhörlich um die Möglichkeiten, die sich ihm mit diesen illegalen Daten eröffnen. Die Versuchung, aus diesen Transaktionen Profit zu schlagen, lässt ihn nicht mehr los. Die Tastatur unter seinen Fingern fühlt sich plötzlich wie ein Werkzeug der Macht an, und die Verlockung, die Kontrolle über diese Informationen zu behalten, ist überwältigend. Doch er spürt auch seine Angst, denn er weiß, dass er sich in einem gefährlichen Spiel befindet, bei dem die Grenzen zwischen Gut und Böse schnell verschwimmen.

Sigurd wägt zwei Möglichkeiten miteinander ab: Die Daten den Finanzbehörden zu übergeben, scheint der einzig richtige Schritt zu sein. Doch die Angst vor ungewissen Konsequenzen lässt seine Überlegungen immer tiefer in den unbekannten Regionen des Temporallappens versickern. Auch die Vorstellung, Kontakt zu Igor Karnowski aufzunehmen und Geld für die Daten zu verlangen, schwebt wie ein dunkler Schatten über ihm. Wie könnte er vorgehen, ohne sein eigenes Leben zu riskieren? Er fragt sich, ob es moralisch vertretbar ist, Betrüger zu betrügen.

Sigurd hat Schwierigkeiten, klare Gedanken zu fassen und sich darauf zu konzentrieren. Doch genau in diesem Augenblick formuliert er bereits die Rechtfertigung für sein zukünftiges Handeln. Die Schuld tragen doch diejenigen, die ihn in diese gefährliche Situation gebracht haben: Besfort Pasha. Igor Karnowski. Die russische Mafia. Mobilfunktelefone. Bitcoins und die Spy App – sie alle haben es ihm zu leicht gemacht. Gleichzeitig spürt er, wie die Verlockung des Geldes Besitz von ihm ergreift und sich ein weiterer verbotener Gedanke – wie ein Virus – in seinem Geist ausbreitet.

Sigurd kauft in einem schmuddeligen Kiosk einen Kasten Bier, eine Flasche Wodka und eine Schachtel Zigaretten ohne Filter. Sein Blick zeigt eine Mischung aus Entschlossenheit und Unruhe, während er die Einkäufe bezahlt und sich auf den Weg ins Büro macht. Die Bedeutung von Kryptowährungen ist ihm bekannt.

Aber erst jetzt ist er bereit, sich im World Wide Web eingehender über die Geheimnisse der digitalen Währungen zu informieren.

4. Kryptowährungen

Sigurd taucht in die Welt der digitalen Währungen ein und fragt sich schon nach kurzer Zeit, warum er sich bisher nicht mit Kryptografie beschäftigt hat. Auf einer der zahlreichen Webseiten liest er, dass Kryptowährungen virtuelle Währungen sind, die mithilfe eines dezentralen Netzwerks sichere Transaktionen ermöglichen. Zudem erfährt er, dass die asymmetrische Kryptografie entscheidend ist für die Sicherung von Eigentumsrechten und die Identifizierung der Benutzer in der Blockchain.

Er hat bereits von Kryptowährungen und Handelsplattformen wie Binance, Kraken und Coinbase gehört, jedoch wusste er nicht, dass die Aufbewahrung digitaler Vermögenswerte in einer Blockchain-Wallet Risiken in sich birgt. Es überrascht ihn, dass Kryptobörsen anfällig für Cyberangriffe sind und seit dem Aufkommen von Kryptowährungen Kriminelle mehr als eine Milliarde Dollar gestohlen haben.

Sigurd öffnet eine Flasche Bier. Der Aschenbecher füllt sich mehr und mehr mit Zigarettenstummeln. Er hat inzwischen verstanden, dass die Verwendung von Schlüsselpaarsystemen als asymmetrische Verschlüsselung bezeichnet wird und die beiden Schlüssel, der Public Key und der Private Key, mathematisch miteinander zusammenhängen. Und das für die Blockchain, eine spezielle Datenbank, dieses System unabdingbar ist. Um auf Kryptowährungen zugreifen zu können, sind Wallets erforderlich. Jede Wallet enthält einen Public Key und einen Private Key. Der Public Key ist eine öffentliche Adresse und in etwa das, was die IBAN bei einem

Bankkonto ist. Dagegen ist der Private Key der Sicherheitsschlüssel für den Zugriff auf die Kryptowährungen. Er enthält eine digitale Signatur, die Zugang zu den Daten und Ressourcen der Blockchain ermöglicht.

Sigurd atmet tief durch, als auf Webseiten vor dem Verlust des Private Keys gewarnt wird. Die Transaktionen sind von einer unerbittlichen Unumkehrbarkeit geprägt und die Möglichkeit, sie rückgängig zu machen, ist nahezu unmöglich. Ein Schauer läuft ihm über den Rücken, als ihm offenbar wird, dass jeder, der den privaten Schlüssel in seinen Besitz bringt, unweigerlich Zugriff auf das digitale Vermögen erlangt. Der Verlust des privaten Schlüssels führt zu einem vollständigen Verlust der Kryptowährungen. Sigurd begreift mit nüchterner Klarheit, dass in der Welt der Kryptowährungen kein Platz für Fehler oder Nachlässigkeiten vorhanden ist.

Seine Augen tränen vor Aufregung, als er den Monitor ausschaltet und sich auf sein Feldbett legt. Gedanken wirbeln wild in seinem Kopf herum, während er versucht, zur Ruhe zu kommen. Bald darauf sinkt er in einen traumlosen Schlaf. Stunden vergehen, nur das leise Surren der Rechner und das Geflimmer der Peripheriegeräte wirft ein schwaches Licht auf den dunklen Büroraum. Er tastet sich im Halbschlaf zum Bierkasten, öffnet eine Flasche und zündet sich eine Zigarette an.

Sigurd vertieft sich in eine Webseite, die über die Auszahlung von Kryptowährungen informiert. Dort werden Experten zitiert, die überzeugt davon sind, dass Hunderte Millionen US-Dollar aus fragwürdigen Geschäften in den Datenblöcken der Blockchain feststecken und die Besitzer nach Möglichkeiten suchen, dieses Geld zu legitimieren. Sigurd ist erstaunt darüber, dass es kaum möglich ist, Kryptowährungen zum aktuellen Wechselkurs auf ein herkömmliches Konto zu überweisen. Es gibt jedoch Länder, in denen die Vorschriften weniger streng sind. Alternativ bieten Bitcoin-Automaten die Möglichkeit, kleinere Beträge abzuheben.

Sigurd lehnt sich erschöpft zurück. Die intensive Beschäftigung mit Kryptowährungen hat ihn nachdenklich gemacht und er fragt sich, ob Karnowski seine Blockchain-Schlüssel und die Zugangsdaten für die Kryptobank ABES ebenso nachlässig gesichert hat wie den Schriftverkehr in seinem E-Mail-Postfach. Der Gedanke lässt ihn nicht mehr los, wie eine Infektion, die sich unaufhaltsam in seinem Geist ausbreitet. Sigurd weiß, dass er auch diesen nächsten Schritt gehen und die Daten suchen wird. Sein innerer Dämon treibt ihn unaufhaltsam voran, und er kennt sich gut genug, um zu wissen, dass er nicht anders handeln kann! Fast scheint es, als ob ein fremder Wille die Kontrolle über seine Entscheidungen übernommen hat. Ein Anflug von Anspannung verzerrt sein Gesicht, als er erneut die Kategorie Crypto Daemon auf dem E-Mail-Account wallcaz@progress.ru von Karnowski öffnet. Einerseits hofft er, die Informationen nicht zu finden, andererseits hofft er, dass Karnowski tatsächlich fahrlässig gehandelt hat.

Aber augenscheinlich ist der gesamte Schriftverkehr mit der ABES Kryptobank wie ein offenes Buch einsehbar. Jeder Kauf, jeder Verkauf ist genau festgehalten. Sigurd erinnert sich daran, dass Karnowski Passwörter und sonstige Informationen in einem unverschlüsselten Passwortmanager auf seinem Mobiltelefon gespeichert hat. Mit einem Fingertipp öffnet er den Passwortmanager und beginnt fieberhaft zu suchen. Plötzlich hält er inne und schüttelt den Kopf. Wie ein Licht in der Dunkelheit erscheint vor ihm die geheimnisvolle Zeichenfolge einer Blockchain:

F9873D79C6D87DC0FB6A5778633389F7553213303D
A61F20BD67GB233AA33262

Schatten des Betrugs und Verrats umgeben Sigurd, als er die 64 Zeichen vor sich erblickt. Plötzlich glaubt er, eine kalte Hand auf seiner Schulter zu spüren. Er dreht sich um, aber niemand ist zu sehen. Seine Nerven flattern, seine Hände sind feucht. Er verschränkt sie wie bei einem Gebet und fragt sich, was Karnowski dazu veranlasst hatte, diese gravierenden Fehler zu begehen.

Dann hört er ein leises Flüstern, das ihm das Blut in den Adern gefrieren lässt. Um ihn herum schweben Geister der digitalen Welt, die darauf lauern, seine Lügen zu beschönigen und ihn zu manipulieren. Sie wissen wie er, dass die düstere Realität des Betrugs immer wahrscheinlicher wird.

5. Wirre Träume

Seine Träume bestehen aus flatterhaften Schimären. Seine Beine sind eng an den Körper gepresst, seine Lider zittern sanft beim Träumen. Er liegt wie versteinert, kein Übel der Welt kann ihn erreichen.

Er träumt, dass er sich vor Schäfer-Ast versteckt hat. Ast findet das Versteck und meint, dass es dort sehr kalt sei. Eine Ärztin sticht zwei große Kanülen in seine Brust, und zwar direkt neben dem Herzen. Die Einstiche schmerzen, aber die Ärztin ist schon nicht mehr im Zimmer.

Er flüchtet in einen Bus. Sein Onkel August sitzt am Steuer. Als er ihn fragt, ob er weiterfahren soll, steht August einfach auf und geht nach hinten bis zur letzten Reihe. Er kann gerade noch das Steuer herumreißen, um einen Unfall zu vermeiden. Plötzlich ist auch sein Vater im Bus.

Dann ein Haus. Er wird von einem älteren Mann, vielleicht seinem Vater, und einem anderen Mann verfolgt. Mit Mühe entgeht er seinen Verfolgern auf jeder Etage. Er hat Angst um Charlotte, die in den oberen Stockwerken schläft. Er fürchtet, dass die beiden ihr Böses antun werden. Endlich ist er auf dem Dach und rettet sich, indem er durch ein Fallrohr herunterrutscht.

Im Morgengrauen träumt er von Sex mit erotischen Frauen, die ihn mit ihren üppigen Brüsten und schwarzen Nylonstrümpfen und High Heels verführen.

Die Nacht neigt sich dem Ende zu, die Morgendämmerung bricht bald über die Stadt herein. Sonnenstrahlen wandern über sein Gesicht. Er erwacht plötzlich, wie erleuchtet. Der Duft nach frisch gemähtem Gras und aufgewühlter Erde, der dampfend heraufsteigt und warm riecht, sowie der Birnbaum, der vor dem Fenster blüht, verleihen dem Tag einen frischen und friedvollen Charakter.

Müde schaut er sich im Büro um. Die letzten Stunden des vergangenen Tages waren für ihn wie ein enger Tunnel, durch die er seine Gedanken zwängen musste. Vereinzelt leuchten draußen noch matt ein paar Küchen- und Schlafzimmerfenster. Straßenlampen glimmen schwächlich. Autos fahren vom Parkplatz, Motoren heulen auf. Auf der Schnellstraße, die sich hinter den Silhouetten der Mietshäuser hin windet, herrscht bereits starker Verkehr.

Die Muster auf den Tapeten verschwimmen vor seinen Augen. Die Blumen auf den Fensterbänken sind nur noch traurige, braune Lappen. Als er sich ans Fenster stellt, ist das Tageslicht bereits so kraftvoll, dass man sehen kann, wie Grau in Grau die Stadt ist. Während er hinausschaut, gehen die Straßenlampen aus, eine nach der anderen in der schwankenden Lichterkette.

6. Robert Taylor

Das Krankenhaus besteht aus einem Backsteingebäude aus den 1890-er Jahren, an das im Laufe der Jahre moderne Gebäude angebaut wurden. Die Eingangshalle ist mit einer gewölbten Decke versehen und mit mehreren Landschaftsfotos behängt. Auf jedem Foto ist eine Meeresbucht zu sehen, an deren Horizont gerade die Sonne auf- oder untergeht, und die Wellen sanft ans Ufer einer wilden Stein- oder Strandküste plätschern.

Bereits in der Eingangshalle schlägt ihm der unverwechselbare Geruch von Desinfektionsmitteln entgegen. Die vielen Fahrstühle, Türen und Hinweisschilder sowie die langen Gänge vermitteln Sigurd das Gefühl, in einem Irrgarten zu sein. Er fühlt sich übergangslos von der realen Welt in eine surreale Welt versetzt, in der die Regeln der realen Welt nicht mehr gelten.

Auf der Intensivstation sitzen die Krankenschwestern vor Bildschirmen, auf denen die verschiedenen EKGs die Herzfrequenz, den Herzrhythmus, die Sauerstoffsättigung und den Blutdruck der Patienten aufzeichnen.

Robert Taylor dreht sich um und fixiert Sigurd mit schmalen, nach unten gezogenen Mundwinkeln. Als er seinen Freund erkennt, leuchten seine Augen auf und sein Mund formt sich zu einem schmalen Lächeln. Sigurd ist vom Anblick seines Freundes erschüttert, der mit grauem Gesicht und eingefallenen Wangen, die mit hellen Bartstoppeln übersät sind, im Krankenbett liegt. Dürre Handgelenke ragen aus dem Patientenhemd. Als Sigurd die Hand seines Freundes berührt, ist er überrascht, wie warm sie ist.

Sigurd starrt gebannt auf den einen der Monitore. Robert erklärt: „Sie spritzen mir Kontrastmittel ins Herz, durch einen Schlauch, den sie mir in eine Arterie oben ins Bein schieben, damit sie genau sehen können, was los ist. Es sind mehrere meiner Herzkranzgefäße verstopft. Das ist kein Problem, da sie heute fast alles operieren können. Wenn sie einen Stent einsetzen, müssen sie einen noch nicht mal mehr aufschneiden. Das ist so einfach wie das Verlegen von Plastikrohren."

In der Enge des Krankenzimmers gerät Sigurd ins Schwitzen. Hastig geht er auf und ab, während er erzählt. Er lässt nichts aus. Nicht das Ausspähen von Igor Karnowski im Auftrag von Besfort Pasha, nicht seinen Betrug an dem Albaner, nicht den Transfer von Bitcoins in Höhe von 80 Millionen Schweizer Franken von Igor Karnowskis Konto auf sein neu eingerichtetes Bitcoin-Konto.

Auch einen mysteriösen Anruf vor einigen Tagen verschweigt er nicht, als eine raue Männerstimme flüsterte: „Sigurd Paulsen?" und dann sofort auflegte, als er zurückfragte: „Wer sind sie?"

Sigurd blickt Robert furchtsam an und meint: „In diesem Moment dachte ich, dass mein Betrug aufgeflogen und die Russenmafia auf meine Spur gekommen ist. Ich kann dir nicht sagen, wie die das geschafft haben könnten. Möglicherweise handelt es sich aber auch um einen Zufallsanruf, da ich keinen weiteren Anruf erhalten habe."

Voller Selbstmitleid gesteht er seinem Freund, dass er nicht weiß, wie er aus dieser Malaise herauskommen kann. Er bittet Robert um Hilfe.

Robert blickt ihn streng an und doziert, dass Recht und Unrecht nicht vom Himmel fallen, sondern von Menschen geschaffen werden: „Es ist ein Unglück, wenn man zwischen Recht und Unrecht nicht mehr unterscheiden kann."

Er belehrt seinen Freund mit frostigem Lächeln: „Sigurd, ich kenne dich seit deinen Kindheitstagen und habe dich stets vor unüberlegten Handlungen gewarnt. Doch leider hast du viele meiner Ratschläge und Warnungen in den Wind geschlagen. Aber du bist mein Freund, und deshalb werde ich dich jetzt nicht im

Stich lassen und mir überlegen, wie du aus dieser fatalen Situation herauskommen kannst.

Aber ich kann dir keinen Ausweg versprechen, ja, ich kann dir noch nicht einmal garantieren, dass du das alles überleben wirst. Ich werde Freunde um Rat und Unterstützung bitten, um dir bei der Lösung deines Problems zu helfen. Komm in zwei oder drei Tagen wieder, wir sprechen dann über mögliche Lösungen. Geld ist ja nun kein Problem für dich, richtig?“

Sigurd nickt, umarmt seinen Freund und verabschiedet sich eilig.

Zwei Tage später: Da Sigurd erst vorgestern hier gewesen ist, weiß er, wie man in die Tiefgarage des Krankenhauses kommt und welche Schilder man beachten muss, um in die Eingangshalle zu gelangen. In einem Innenhof mit Rhododendren sitzen mehrere Rekonvaleszenten in ihren Rollstühlen und rauchen wie Schaufensterpuppen in Zeitlupe Zigaretten. Die Warnungen der Ärzte haben sie schon aus ihrem Gedächtnis gelöscht.

Die dürre, schlecht gelaunte Frau an der Auskunft schaut auf ihrem Bildschirm nach Robert Taylor. Sie nennt Sigurd eine Stockwerks- und Zimmernummer und erklärt ihm, welchen Aufzug er nehmen muss.

Forsch drängelt sich Sigurd in die fast volle Kabine, steht neben einer Frau, die einen kleinen Karton mit Geschenkpapier in der Hand hält, neben zwei Kurden, die nervös die Stockwerksanzeige beobachten, und zwei fülligen Frauen, die ihn vorwurfsvoll anstarren, als er ihren mitgeführten Rollstuhl achtlos zur Seite schiebt.

Robert wurde auf eine Normalstation verlegt. Sigurd staunt, wie viel lässiger es hier zugeht. Einige Türen stehen offen, sodass er manchmal einen Blick auf Patienten werfen kann, die an Infusionsgeräten angeschlossen sind. Auf den Instrumentenwagen stehen Inhalationsgeräte und anderes medizinisches Zubehör. Er schaut in traurige Gesichter. Bei einigen Patienten stehen die

Schwestern und Ärzte um das Bett herum und sprechen leise ohne den Patienten zu beachten.

Im fünften Stock befindet sich ein kleiner fensterloser Aufenthaltsraum mit einigen Stühlen und einer kleinen Sitzbank. Zeitschriften liegen auf einem Beistelltisch. Eine zierliche dunkelhäutige Krankenschwester mit einer kunstvoll geflochtenen Cornrow Frisur tritt Sigurd in den Weg.

„Zu Herrn Taylor, bitte."

Sie antwortet ernst: „Herr Taylor wurde erst heute Morgen hierher verlegt. Er ist sehr schwach, deshalb bitten wir Sie, nicht länger als 30 Minuten zu bleiben."

Ihr selbstbewusstes Auftreten macht Sigurd wütend. Unter dem Druck der auf ihn zukommenden Ratschläge fängt er plötzlich an zu schwitzen.

„Ist es ihnen nicht gut?", fragt die Schwester, aber Sigurd ist schon auf dem Weg zum Zimmer 515. Schweiß läuft ihm übers Gesicht. Obwohl es draußen dreißig Grad warm ist, ist die Klimaanlage nicht eingeschaltet.

Robert liegt auf dem Rücken, von Medikamenten benebelt, angeschlossen an Geräten, die seinen Körper überwachen. Sigurd begrüßt seinen Freund und ist überrascht, dass seine eigene Stimme flach und rau klingt. Er sitzt neben dem Krankenbett auf einem Holzstuhl mit Plastikpolsterung. Roberts fahles Gesicht kontrastiert mit der Blässe seiner Augenlider und zwei kleinen Runzeln oberhalb der Wangenknochen.

Sigurd erkundigt sich: „Was sagen die Ärzte? Was hat man mit dir vor?"

„Die Ärzte überlegen noch, ob sie eine Bypass-Operation machen oder einige Stents setzen."

„Du sollst am offenen Herzen operiert werden?", empört sich Sigurd mit rauer Stimme. Robert lässt seine linke Hand sacht neben sich aufs Laken fallen und schließt kurz die Augen.

„Sie wollen es nicht, aber ausschließen wollen sie es auch nicht. Es handelt sich um eine von mehreren Möglichkeiten. Am wahrscheinlichsten ist es, dass sie einige Stents setzen. Das wäre nur ein minimalinvasiver Eingriff, bei dem eine Kanüle gelegt und der Stent von der Leistenarterie aus bis zur betreffenden Stelle geführt und dort eingesetzt wird."

Eine Ärztin betritt das Krankenzimmer. Die Kardiologin stellt sich als Doktor Esma Khaled vor. Sie hat braune Augen, strahlend weiße Zähne und schwarzes glattes Haar, das sie hinten zu einem Pferdeschwanz zusammengebunden hat.

Sigurd muss während der Untersuchung den Raum verlassen. Im Wartezimmer blättert er gelangweilt in den abgegriffenen Zeitschriften und fragt sich, warum dort ausschließlich Blätter der Regenbogenpresse ausliegen. Nach fünfzehn Minuten wird er von Frau Khaled wieder hereingebeten.

Erleichtert erzählt ihm Robert, dass ihm die Kardiologin mitgeteilt hat, dass sie morgen früh Stents setzen werden.

„Keine schöne Sache, aber nicht die schlimmste, mit der sie zu tun haben."

Sigurd reibt seine Hände, bevor er Robert forsch anspricht: „Hast du dir Gedanken darüber gemacht, was ich tun kann? Hast du dir etwas überlegt?"

Robert starrt ihn böse an, bevor er antwortet: „Du hast das Schlimmste getan, absolut das Schlimmste."

Sein Tonfall wird schneller, er legt alles Schleppende ab.

„Sigurd", sagt er, „ich möchte, dass du mir aufmerksam zuhörst. Ich bin entsetzt über das, was du getan hast. Du und wer noch?"

„Keiner, ich habe es ganz alleine vermasselt."

„Sigurd, du bist in Lebensgefahr. Du hast dich mit einem albanischen Kriminellen und der russischen Mafia angelegt und beide betrogen. Es wird keine Gnade für dich geben. Du wirst sterben, wenn du Pasha deinen Betrug gestehst, alleine schon deshalb, weil er selber um sein Leben fürchten muss. Du wirst sterben, wenn die Russen dich erwischen, egal, ob du ihnen die Bitcoins zurückgibst oder nicht."

Sigurd steigt namenlose Angst in den Hals, ätzend wie ein Brechreiz. Er ist von etwas Unheilvollem bedroht, das ihn in jedem Augenblick in einen Abwärtsstrudel ziehen kann.

In einem wütenden Ausbruch schreit er Robert an: „Was soll ich denn tun? Was rätst du mir?"

„Du musst verschwinden, Deutschland verlassen und deine Spuren verwischen", antwortet Robert ruhig. „Du benötigst zum Überleben eine neue Identität."

Sigurd starrt ihn mit ungläubiger Miene an.

„Verkaufe so viele Bitcoins wie möglich. Du brauchst jede Menge Bargeld", erklärt Robert weiter. „Gestern habe ich mich mit einem Freund aus meiner Militärzeit in den USA unterhalten. Er ist bereit, dir zu helfen. Eine neue Identität kostet etwa 100.000 US-Dollar. Du musst 50.000 Dollar als Anzahlung leisten und seine Anweisungen strikt einhalten. Es gibt keine Spielräume für dich. Wenn du gegen seine Regeln verstößt, wird das Projekt sofort abgebrochen. Ein Identitätswechsel ist eine kriminelle Handlung und birgt große Risiken für alle Beteiligten. Eine weitere Bedingung meines Freundes ist, dass du vor deiner Reise in die USA durch mehrere Staaten in Europa reisen wirst. Er muss wissen, ob die Russenmafia dich verfolgt. Vorher wird er das Projekt nicht durchführen. Er hat kein Interesse daran, sich in Amerika mit Mafiaorganisationen herumzuschlagen. Aber es gibt auch gute Nachrichten. Du kannst den zweiten Teilbetrag von 50.000 mit Bitcoins bezahlen."

„Warum ausgerechnet in den USA?", fragt Sigurd.

„Warum ausgerechnet in den USA?", äfft Robert Sigurd nach.

„Weil ich ausschließlich dort die entsprechenden Kontakte habe. Mein Freund lebt in Montana in einem Indianerreservat. Er ist dort ein mächtiger Mann und kann deshalb deinen Identitätswechsel sicher organisieren."

Er schaut Sigurd müde an: „Hast du alles verstanden? Wenn du reisebereit bist, besprechen wir die Einzelheiten. Ist das in Ordnung für dich?"

Sigurd schüttelt heftig den Kopf und stößt keuchend hervor: „Gar nichts ist in Ordnung. Weshalb sollte ich das machen? Bis jetzt hat kein Pasha und keine Russenmafia den Beweis, dass ich das Geld auf mein Bitcoin-Konto übertragen habe. Das Schöne an Bitcoins ist ja gerade, dass man Transaktionen nicht nachverfolgen kann. Es ist unwahrscheinlich, dass sie das jemals herausfinden werden, da ich nicht davon ausgehe, dass sie dazu die Behörden einschalten werden. Ich mache erst einmal gar nichts und warte ab, was geschieht. Wir werden ja sehen, ob Pasha von meinem Bitcoin-Diebstahl erfahren wird und ob Karnowski und seine Freunde sich bei mir melden werden. Robert, dein Vorschlag ist lächerlich. Ich hatte angenommen, dass du mir vernünftige Ratschläge geben könntest, aber das, was du vorschlägst, ist völlig übertrieben."

Höhnisch ruft ihm Robert zu: „Dann löse deine Probleme doch alleine."

Sigurd springt empört auf und schreit: „Und du willst ein Freund sein?"

Er stürmt aus dem Krankenzimmer und schmeißt die Tür lautstark zu.

Sigurd öffnet die Tür zu seinem Arbeitszimmer und ein eisiger Schauer überläuft seinen Rücken. Eine Ahnung kommenden Unheils liegt in der Luft, als er entsetzt auf das Chaos in seinem Büro starrt. Es gleicht einem Schlachtfeld: aufgebrochene Schränke, zerstreut auf dem Boden liegende Papiere, leer geräumte Regale. Sein Herz beginnt zu flattern, als er bemerkt, dass sein Notebook, externe Festplatten und USB-Sticks verschwunden sind. Die Frage, ob der Einbruch ihm persönlich oder seiner Firma galt, quält ihn. Eines ist ihm aber klar, die Einbrecher kamen mit der eindeutigen Absicht, ausschließlich seinen Arbeitsplatz zu durchsuchen.

Mit düsteren Gedanken sitzt er in seinem verwüsteten Arbeitszimmer, auf der Suche nach Antworten. Er fragt sich, warum gerade jetzt alles über ihn hereinbricht? Er blickt aus dem Fenster und betrachtet den blauen Himmel, die Kondensstreifen der Flugzeuge, die Autos, die Menschen, Bäume und die Straßenlampen. Mittagsschatten wandern über die leeren Bücherregale. Ratlos wartet er darauf, dass etwas passiert.

Das Telefon läutet. Die Stimme der Frau am anderen Ende der Leitung hat einen süßen, langmütigen Klang, der jedoch von einem singenden Unterton durchdrungen wird, der so unheilvoll ist, wie das Summen von Fliegen in leeren Räumen.

„Sigurd, etwas Schreckliches ist geschehen. Besfort Pasha, der albanische Geschäftsmann, du weißt, von wem ich rede, wurde ermordet. Ich sollte dich informieren, wenn ich etwas über ihn erfahre. Aber so etwas! Die Gerüchte über seinen Tod verbreiten sich in der Stadt wie ein Lauffeuer. Es heißt, dass er bestialisch gefoltert wurde und es ist die Rede von dunklen Geschäften und geheimen Racheplänen. Weißt du irgendetwas darüber?“

In diesem Moment begreift Sigurd, dass sein Leben am Abgrund steht. Er macht einen Spaziergang durch den Stadtwald in der Hoffnung, dass er dort einen Ausweg finden wird. Es ist heiß. Die Hitze macht den Menschen zu schaffen. Die meisten Autofahrer haben ihre Klimaanlage eingeschaltet, während die anderen unter ihren aufgeheizten Wagendächern im stockenden Verkehr schwitzen.

Ein dickes Wolkenband hängt über der Stadt. Irgendwo brummt eine kaputte Neonröhre. Er schaut sich vor einem Kino die Filmplakate an. Eine Frau lacht lauthals über einen Witz. Bald darauf geht er durch ein Kaufhaus, in dem die Musik würdelos dahin dudelt. Er hofft, in der erotischen Atmosphäre der Dessous-Abteilung Lust auf erotische Frauenkörper zu bekommen, um seine Vision von Sex mit betörenden Frauen in hauchzarter Reizwäsche in einem Bordell verwirklichen zu können. Doch plötzlich überkommt ihn das beklemmende Gefühl, von unsichtbaren Feinden umzingelt und ohne Ausweg zu sein. Benommen hält er sich an einem der Wäscheständer fest. Rasch verlässt er das Kaufhaus, um die bösen Geister zu vertreiben. Sein Weg führt an einer Chemischen Reinigung vorbei bis zu einer Gedenktafel für die Gefallenen des Ersten und Zweiten Weltkriegs. Er lässt sich auf den Rasen fallen und schaut dem Sonnenlicht zu, wie es die auf dem Boden liegenden Blätter der Bäume grün golden leuchten lässt. Er weiß jetzt, dass sein altes Leben vorbei ist, weiß, dass er fortan um sein Leben bangen muss, weiß, dass er für lange Zeit auf der Flucht sein wird. Tränen rinnen über sein Gesicht. Er greift zu seinem Mobiltelefon und ruft Robert Taylor an.

7. Louis Kuhn. Berlin

Es ist still. Nicht einmal der Hund wacht auf. Sigurd blickt müde aus dem Fenster. Nichts hat sich dort verändert. Vor dem Haus parkt kein Auto mit einem unbekannten Kennzeichen, niemand raucht im Trenchcoat unter der Straßenlampe. In der Morgendämmerung macht er sich auf den Weg zum Hauptbahnhof. Der ICE verlässt den Bahnhof mit zehn Minuten Verspätung in Richtung Osten.

Sigurds Reise beginnt – Flucht und Verdrängung zugleich!

Der einzige Halt auf dem Weg nach Berlin ist in Wolfsburg, direkt neben dem düsteren VW-Werk. Danach geht es mit 250 Kilometern pro Stunde durch Sachsen-Anhalt und Brandenburg in Richtung Hauptstadt. Die ehemalige DDR wird schnell durchquert. Nach einer Fahrt von anderthalb Stunden erreicht der Zug den Glaspalast des Berliner Hauptbahnhofs.

Von seinem Hotel am Spreebogen spaziert Sigurd am Holsteiner Ufer und am Bellevue Ufer die Spree entlang. Der Fluss fließt ruhig am Schlosspark Bellevue vorbei. Der Lärm der Autos wird von den Bäumen des Parks gedämpft. Vor dem Schloss Bellevue, dem Sitz des Bundespräsidenten, sitzt Sigurd auf einem der versenkbaren Poller und blickt melancholisch auf die gleichförmige Rasenfläche des Schlosses.

Er sieht sich über die Treppen des Hauptportals durch die Eingangshalle in den Schlosspark gehen, wo er zum Sommerfest eines früheren Bundespräsidenten eingeladen war. Eine langweilige Veranstaltung mit langweiligen Gästen. Fritz Krugmann wartete schon ungeduldig und Claudia war bereits angetrunken. Lustlos stopften sie Currywurst und Kanapees in sich hinein, tranken lauwarmen, mittelmäßigen deutschen Weißwein.

An einem der Tische saßen sie neben einem bekannten Politiker und seiner Frau. Die beiden hatten schlechte Laune und sich nichts zu sagen. Sigurd muss auflachen, als er sich daran erinnert, wie die alkoholisierte Claudia den Politiker mit Geschichten aus ihrer Zeit als Abgeordnete der Grünen in einem Stadtparlament nervte, bis er sich fluchtartig davonmachte.

In Erinnerung geblieben sind ihm auch die Politiker einer kleinen Partei, die mit ihren edlen dunklen Anzugjacken, ihren weißen Hemden und eleganten Stoffhosen, mit ihren auf Hochglanz polierten Lederschuhen und ihren fast identischen Gürtelschnallen wie Angehörige einer Sekte wirkten.

Das Wachpersonal vor dem Bellevue wird unruhig, er sitzt ihnen nun schon zu lange auf dem Poller. Er tritt schnell in das Sonnenlicht, erschrickt über den verlorenen Schutz der Bäume und hat das Gefühl, dass die Helligkeit wie ein Scheinwerfer alle Aufmerksamkeit auf ihn lenkt. Angst steigt in ihm hoch, schrillt wie eine Alarmanlage, die sich nicht abstellen lässt. Er blickt sich mehrmals um, kann jedoch nichts Ungewöhnliches entdecken.

Forsch setzt er seinen Spaziergang am Bettina-von-Arnheim-Ufer fort. Er kommt an der architektonisch ungewöhnlichen Kongresshalle, im Volksmund schwangere Auster genannt, vorbei. Das Haus der Kulturen der Welt war ein Beitrag der USA zur internationalen Bauausstellung 1957.

Wehmütig erinnert er sich daran, als Kind die Briefmarken der Deutschen Bundespost über die Stadtbilder Berlins gesammelt zu haben. Jedes dieser Motive entführte ihn in diese große, unbekannte, ferne Stadt, aber kein einziges davon fesselte ihn so sehr wie diese Kongresshalle.

Die hässlichen, faden Glasbauten des Kanzleramts interessieren ihn nicht, ihn treibt es zum Pariser Platz vor dem Brandenburger Tor. Die Berliner Mauer ist vollständig verschwunden, nur noch zwei Reihen Pflastersteine mit dem Schriftzug Berliner Mauer 1961 – 1989 bilden den Verlauf des damaligen Grenzwalls nach.

Schon steht er im früheren Ost-Berlin, jener Stadt, die einst eine andere Welt verkörperte. Der Geruch hier war anders, älter und durchdrungen von verbrannter Braunkohle, Trabi-Abgasen, Schmieröl und Schwefel. Nun ist er zurückgekehrt in dieses Land, in dem nun die Gesetze des Kapitalismus herrschten. Es kommt ihm so vor, als ob die Vergangenheit noch immer präsent ist, als ob die Schatten vergangener Zeiten immer noch über allem schwebten.

Die Botschaft der Russischen Föderation befindet sich an der Straße Unter den Linden. Er unterdrückt den Zwang, sich ständig umzusehen, und muss sich zwingen, an dem unheildrohenden Gebäude vorbeizugehen. Furcht macht seinen Hals trocken. Er vermutet, dass dort irgendwo sein Name in einem geheimen Schriftstück oder einer geheimen Datei steht. Vor dem ehemaligen Staatsratsgebäude der DDR erscheint eine Polizeieskorte, die einflussreiche Menschen mit Blaulicht in dunklen Limousinen zu wichtigen Terminen begleitet.

Sigurd muss an die Erzählungen seines Vaters denken, der 1970 über den Checkpoint Charlie nach Ostberlin reiste. Damals mussten neben dem Mindestumtausch zum Kurs von 1:1 die mitgeführten Westgelder bei der Ein- und Ausreise deklariert werden. Sein Vater vertrank das Westgeld in einer Ostberliner Kneipe, ohne sich dafür eine Quittung geben zu lassen, was ihm beim Grenzübergang ein verschärftes Verhör einbrachte. Ein junger Grenzpolizist fragte ihn aggressiv nach dem Verbleib des Geldes und drohte mit einer Strafe. Nach Intervention eines Vorgesetzten und ernsthaften Ermahnungen durfte er schließlich doch wieder nach Westberlin zurückkehren.

Seine Verabredung wartet bereits. Vor dem Café Einstein winkt ihn ein mittelgroßer, rotblonder Mittvierziger mit blasser Haut an den Cafétisch. Ein Schweigen entsteht, als er nähertritt, und die übertrieben höfliche Art, mit der die Serviererin nach seinen Wünschen fragt, lässt ihn den anderen noch fremder erscheinen. Sigurd bestellt einen Milchkaffee, beobachtet den Cantuccini Keks am Tellerrand, um das unbehagliche Gefühl in seinem Magen zu bändigen.

„Salü, Herr Paulsen!“

Wie in Zeitlupe schiebt Kuhn seine Visitenkarte über den Tisch. Louis Kuhn. Zürich. Bankberater. Sein Gesichtsausdruck ist väterlich, listig und beängstigend mild.

„Ich freue mich, dass es geklappt hat."

Sie lächeln sich zu, aber Sigurd fühlt sich nicht wohl. Er hat das unbehagliche Gefühl, dass ihn jemand beobachtet. Aber vor dem Café sitzen nur wenige Paare mittleren Alters, die sich nicht für die anderen Gäste interessieren.

Sigurd erfährt von Kuhn, dass das Recht auf Eigentum durch die Schweizer Verfassung besonders geschützt ist und dass dieses Recht nur durch nationale und internationale Embargos gegen bestimmte Staaten oder gegen terrorverdächtige Personen eingeschränkt wird.

Kuhn schlaumeiert, dass die Schweiz nicht zur Europäischen Union oder zum Europäischen Wirtschaftsraum gehört und man deshalb bei Geldtransfers bestimmte Meldepflichten beachten muss.

Nach einer Reihe von Belanglosigkeiten über die Städte Berlin und Zürich brechen sie auf. Kuhn begleitet Sigurd zum Hotel und gibt ihm weitere Informationen über das Bankwesen der Schweiz.

Sigurd wusste nicht, dass im Jahr 2014 die OECD einen globalen Standard für den internationalen automatischen Informationsaustausch in Steuersachen verabschiedet hat, und dass sich mehr als 100 Staaten, darunter alle wichtigen Finanzzentren, zu dessen Übernahme bekannt haben, unter anderem auch die Schweiz.

Ihm war auch nicht bewusst, dass die Rechtsgrundlagen dafür ein Bundesgesetz und eine Verordnung über den internationalen automatischen Informationsaustausch in Steuersachen sind. Sein Gesprächspartner wird nervöser und lauter, sein Schweizer Akzent ist nun nicht mehr zu überhören.

Er merkt an, dass die Banken persönliche Daten wie Adresse, Geburtstag, Steueridentifikationsnummer, Kontonummer und Kontostand am Jahresende an die Finanzbehörden weitergeben. Ebenso wie die Höhe der Kapitaleinkünfte, Veräußerungen oder den Kauf von Vermögensgegenständen. Dazu gehören aber nicht die Informationen über Kontobewegungen und der Kontostand eines laufenden Jahres.

Sigurds Gehirn flattert vor Mattigkeit. Er kann sich nicht auf Kuhn konzentrieren, erträgt kaum dessen selbstgefällige Gediegenheit. Um den Banker zu unterbrechen, wirft er beiläufig ein, dass er sich auch für Kryptowährungen interessiert.

Kuhn schaut Sigurd erstaunt an, als er fragt: „Kann ich Überweisungen von meinem Bitcoin-Konto auf das Schweizer Konto vornehmen?"

Der Schweizer Banker weiß nun, dass Sigurd sich über ein schwieriges, vielleicht sogar rechtswidriges Thema informieren will. Sein Redeschwall versiegt. Sigurd erfährt, dass Kryptowährungen nicht sein Thema sind. Kuhn verabschiedet sich fahrig und ganz und gar nicht mehr unterwürfig.

Die Nacht bricht herein und taucht die Stadt in ein diffuses Licht. Ein leichter Wind weht durch die Straßen, während Sigurd ein italienisches Lokal in der Nähe seines Hotels aufsucht. Bei jedem Schritt knirscht das Asphaltgranulat eines Fahrradweges unter seinen Füßen. Seit einiger Zeit wird er von einem bulligen Mann in schwarzer Lederkleidung verfolgt. Eine dunkle Schattengestalt, die ihn beunruhigt. Sigurd dreht sich abrupt um, doch der Mann verschwindet in einem düsteren Innenhof, als wäre er nie da gewesen. Als er das Lokal betritt, kann er nichts Verdächtiges entdecken, obwohl ihm sein Instinkt sagt, dass er weiterhin beobachtet wird. Er fragt sich insgeheim, ob er an Verfolgungswahn leidet.

Am kommenden Morgen trifft er sich mit Louis Kuhn zum Frühstück im Hotel. Seine gute Stimmung zerbröselt, als Kuhn mit flottem Schritt den Frühstücksraum betritt. Sigurd ist nervös. Kuhn hat heute Morgen einen kräftigen Händedruck. Kantig sitzt er da, mit einem leicht vorgewölbten Bauch. Seine rötlichen Augenbrauen haben sich über der Nasenwurzel zu einer sorgenvollen Falte zusammengeschoben. Er verteilt die Formulare für die Eröffnung eines Kontos bei seiner Bank in Zürich über den Frühstückstisch.

Während Sigurd sein gekochtes Ei durchtrennt, fragt er Kuhn nach den Abläufen des Informationsaustauschs zwischen seiner Bank und den deutschen Finanzbehörden. Er erfährt, dass der Austausch alle Schweizer Bankkonten betrifft, die von natürlichen Personen in Deutschland gehalten werden. Daher sind ausländische Kapitalerträge nicht mehr vor dem deutschen Finanzamt zu verbergen.

Sigurd fragt gereizt: „Wie kommen sie darauf, dass ich etwas verbergen will?“

Kuhn ignoriert seine Frage und spricht lieber über die Gründe, warum sich ein Konto in der Schweiz immer noch lohnt.

Sigurd fühlt sich plötzlich wie der Gefangene eines Versicherungsvertreters, der einen mit langen Erklärungen und verschwurbelten Beruhigungen verwirren will. Kuhn stellt fest, dass die deutschen Finanzbehörden zwar von den Einnahmen aus den Kapitalerträgen erfahren, aber nicht an die deponierten Gelder herankommen. Private Gläubiger haben bei einer Zwangseintreibung keine Möglichkeit, ohne Mitwirkung des Betroffenen ein Schweizer Konto ausfindig zu machen.

Auf Sigurds Nachfrage hin, wie viel Bargeld man mit in die Schweiz nehmen darf, erklärt Kuhn mit dem Habitus eines Zollbeamten, dass bei der Einreise mitgeführtes Bargeld im Gesamtwert von 10.000 Euro oder mehr beim Zoll angemeldet werden muss.

Schweigend nippen sie an ihrem Kaffee. Sigurd schaut sich die Formulare an und greift zum Kugelschreiber, ohne eine weitere Frage zu stellen. Offenkundig zu Kuhns Überraschung, der schlagartig gut gelaunt ist. Sie vereinbaren, sich in den nächsten Wochen in Zürich zu treffen, um die Kontoeröffnung abzuschließen. Beide vermeiden das Thema Kryptowährungen. Nachdem der Banker das Hotel verlassen hat, überlegt Sigurd, warum ihm Kuhn so sehr auf die Nerven geht. Er bemüht sich, den Gedanken zu verdrängen, ohne Erfolg.

Während er auf sein Taxi wartet, kauft er einige Ansichtskarten von Berlin. Er weiß schon beim Bezahlen, dass er die Karten nie abschicken wird.

Eine brünette Frau von etwa 50 Jahren sitzt im Foyer auf einem der edlen, grünen Sessel. Sigurd verharrt einen Moment, als er bemerkt, dass ihn die Frau keine Sekunde aus den Augen lässt. Als sich ihre Blicke treffen, wendet sie sich ab, als wäre nicht geschehen. Während der Taxifahrt zum Bahnhof schaut sich Sigurd immer wieder um, doch niemand scheint ihnen zu folgen. Dennoch bleibt das unheimliche Gefühl bestehen, dass jemand im Verborgenen jeden seiner Schritte verfolgt.

8. Usedom

Der Regional-Express rumpelt mit Getöse aus dem Berliner Hauptbahnhof. Die ganze Bahnfahrt über findet Sigurd nicht mehr zu dem schwerelosen Zustand zurück, der ihn vor Kuhns Besuch durchströmte.

Je mehr sich die Bahn der Ostsee nähert, desto deutlicher spürt er, wie ein ungeheures, krankhaftes System seine Fänge nach ihm ausstreckt. Er spürt, dass die Hitze in seinem Kopf Wut ist. Er ist wütend, seit er das Hotel verlassen hat, er ist so wütend auf sich selbst, auf all die Schwierigkeiten, die er sich durch seine Betrügereien eingebrockt hat, er ist so wütend auf sein Flüchten vor dem Unbekannten.

Seine Wangen glühen und sein Mund und seine Nase sind trocken wie Zunder. Er verbietet es sich, weitere negative Gedanken in der Anonymität der Bahn aufkommen zu lassen. Er will nicht weiter an seine Probleme denken, er will schlafen und aufwachen, frei von Sorgen.

Ein paar weiße Lichter ziehen vorbei. Ihr Vorbeiziehen ist deutlich langsamer als das Rattern über die Bahngleise. Aus dem Fenster huscht ein mattes Leuchten über die Gesichter der Fahrgäste. In der Ferne flattern Reihen dunkler Punkte, als plötzlich nichts mehr zu sehen ist. Es folgt eine kurze Phase der Helligkeit, bevor die Bahn mit einem dumpfen Geräusch durch einen Tunnel rauscht. Das Quietschen der Bahn in der Dunkelheit wird begleitet von vorbeiziehenden gelben Lichtern, die zu einer Welle von Lichtpunkten aufsteigen und fallen. Tunnellampen huschen vorbei. Das Kreischen auf den Schienen verlangsamt sich. Der Zug rollt aus.

Plötzlich Stille und näherkommende Stimmen. Eine blecherne Durchsage meldet den Namen eines Bahnhofs. Draußen hastige Schritte, die stehenbleiben und weiterlaufen. Ein paar verfallene Schuppen stehen neben den Gleisen. Schwere Koffer werden gezogen, Fahrräder in den Zug gehievt.

Wieder eine Durchsage, ein durchfahrender Zug wird angekündigt. Kurz darauf rollt langsam ein Güterzug durch den Bahnhof.

Rote Lichter kündigen die Weiterfahrt an. Die Türen knallen und der Geruch von Bratwurst weht durch die Zugabteile.

Ein schriller Pfiff zerreißt die Luft. Der Zug setzt sich wie in Zeitlupe in Bewegung, begleitet vom Dröhnen der Schienen und Weichen. Dann löst sich alles im rollenden Lärm auf.

Einige jüngere Passagiere sitzen sich mit angezogene Knie gegenüber, andere schmiegen sich mit geschlossenen Augen in die weichen Polster, die Hände vor der Brust verschränkt. Einige lesen Zeitung, haben sich ihre Schuhe aufgeknüpft und schnaufen schwer, während sie die schreienden Schlagzeilen in sich aufsaugen. Die Männer brummen wütend ein paar Worte, dann schauen sie erneut regungslos auf die vorbeiziehende Landschaft.

Die Usedomer Bäderbahn stoppt nach nicht ganz fünf Stunden Bahnfahrt im Bahnhof des Seebades Heringsdorf. Sigurd überrascht die prächtig restaurierte Bäderarchitektur der strahlend weißen Villen aus dem 19. Jahrhundert, die von Adligen und reichen Berliner Stadtbewohnern als Sommerresidenzen errichtet wurden, und so aus kleinen Fischerdörfern mondäne Seebäder machten.

Als das Türschloss des Hotels zuschnappt, fließt der Seewassergeschmack in seinem Mund so stark in seine Speiseröhre, dass er sich aufrichten muss, um noch atmen zu können. Die hohen Zimmerwände bedrücken ihn, das Bad riecht muffig nach Abfluss. Ein Insekt flüchtet in den Ablauf, bevor er es wegspülen kann. Es wird immer dunkler draußen. Auf der Fensterbank sind bunt bemalte Harlekin-Figuren aufgereiht. Das Fenster wird zu einem dunklen Spiegel, in dem er sich sehen kann: ein Mann mit wirrem Blick.

Bald liegt das ganze Zimmer im Dunkeln, nur das Display seines Notebooks spendet etwas Licht. Die Stille im Hotel wirkt bedrohlich. Fragen drängen sich auf. Was hat ihn eigentlich hierhergeführt? Was ist aus seiner Fröhlichkeit geworden? Wo sind die

Zeiten geblieben, als er mit Charlotte und Freunden durch die Kneipen zog, in Konzerte ging und Ausstellungen besuchte? In der Nacht träumt er von Käfern und wird häufig wach.

Im Frühstücksraum seines Hotels isst er Croissant, trinkt schwarzen Kaffee und liest flüchtig in der Ostsee-Zeitung. Am Nebentisch sitzt ein Gast mit seiner Frau, der ihm allein aufgrund seines Habitus zuwider ist.

Stechender Blick. Groß. Schlank. Kurzgeschorene Haare. Kampfstiefelhalbschuhe. Aggressiv gegenüber seiner Frau. Ein Deutscher also, der auch während des Frühstücks breitbeinig in sein Handy schreit. Sigurd fühlt sich in Gegenwart dieses Mannes unwohl.

Nach einigen Begrüßungsfloskeln beginnen sie bereits nach kurzer Zeit eine hitzige Diskussion. Hauptsächlich natürlich über die Lieblingsthemen der Rechten: Flüchtlinge. Amerika. Juden. Politiker.

Sigurd ärgert sich darüber, dass der andere ruhig und selbstsicher argumentiert, während er immer polemischer wird. Wütend fragt er sich, ob das rechtsnationale Denken niemals verschwinden wird.

Mein Gott, wie er sie hasst, diese unzufriedenen, wehklagenden, menschenfeindlichen rechthaberischen Deutschen.

Kurz darauf eilt er hinaus in die wohlige Morgensonne und an das ruhige Wasser der Ostsee. Er wandert durch Ahlbeck mit seiner historischen Seebrücke, schlendert den breiten, weißen Strand entlang, bis er sich im feinen weißen Sand niederlässt und träumend auf das weite Meer blickt. Das Plätschern der Brandung beruhigt ihn. Ein Sportflugzeug fliegt elegant über den langen Strand hinweg. Ein Strandwächter vertreibt einen Hund. Er spürt, wie die Sonne und der Wind den Sand auf seiner Haut trocknen.

Die flatternden Wolken haben sich aufgelöst. Die Sonne scheint schummrig auf die trübe Ostsee. Ein dumpfes Grollen am Ufer und ein Brausen in der Ferne sind zu hören. Erschrocken springt er auf und blickt angestrengt, kann jedoch nichts Außergewöhnliches sehen.

Sigurd fühlt sich von der Insel eingeengt. Ahlbeck ist beengend, die Geschäfte engen ihn ein, die Restaurants engen ihn ein, die restaurierten Häuser engen ihn ein, die Frauen und Männer mit ihren rosa T-Shirts, ihren gelben Pullovern und grünen Hosen und weißen Slippern engen ihn ein.

Die westdeutschen Feriengäste sind gewiefte, selbstsichere und saturierte Gäste, insbesondere, wenn sie in den Boutiquen den ostdeutschen Verkäuferinnen deutlich machen, dass Geld für sie kein Problem ist.

Die lange Strandpromenade verbindet auf zwölf Kilometern die Kaiserbäder mit dem polnischen Swinemünde. Er wandert bei bestem Sommerwetter an der Küste entlang bis zur Grenze. Schiffe ziehen am Horizont vorbei.

In einem Strandkorb genießt er die Ruhe, liest das Buch *Der wiedergefundene Freund* von Fred Uhlmann in zwei Stunden in einem Rutsch durch. So sehr ist er von diesem Meisterwerk begeistert.

Jenseits des Golms senkt sich das Land. Im Rückspiegel seines Mietwagens ragen die Baumkronen der Erhebung in den blassblauen Sommerhimmel. Die Bundesstraße 110 öffnet sich mit ermüdender Monotonie. Das graue Asphaltband dehnt sich scheinbar endlos aus. Die Straße ist auf vielen Kilometern gut zu befahren, doch dann kommt auf der Mühlenstraße eine stark ausgebesserte Strecke, die danach ansteigt und auf der Höhe zum Kückelsberg eng wird. Die Ränder des Weges zerkrümeln sich an den Feldern rechts und links des Weges.

Der 58 Meter hohe Kückelsberg ist dann aber nur ein kleiner, langweiliger Hügel, von dem man noch nicht einmal einen weiten Blick auf die hügelige Endmoränenlandschaft hat. Nur in Richtung

Osten sind in der Ferne die Kräne des Swinemünder Hafens zu sehen und davor das flach ausgebreitete Naturschutzgebiet Thurbruch, ein großes Niedermoorgebiet.

Sigurd streift ein wenig durch die Gegend, als er plötzlich Stimmen hört. Einige Skinheads stehen vor einer Hütte und schreien und grölen zu Rechtsrockmusik. Er geht eilig zum Auto zurück. Es ist offensichtlich, dass viele junge Leute auf dieser idyllischen Ferieninsel der Nazi-Ideologie anhängen. Sigurd ist sich nicht sicher, ob die nationalsozialistischen Gedanken und der Antisemitismus in den deutschen Nord- und Ostseebädern jemals verschwunden waren.

Er fährt langsam durch das kleine Dorf Peenemünde. Ein Audi fährt ständig hinter ihm her, verschwindet dann jedoch in einer der Seitenstraßen.

Zu seiner Entspannung schlendert er an der Kaimauer des Hafens entlang. Einige Fischerboote schaukeln sanft vor sich hin. Frauen und Männer flanieren übel gelaunt über die langweilige Promenade. Schwarze Eisenpoller stehen entlang des Hafenbeckens in Reih und Glied. Der leichte Wind ist kühl, wenn man aus der Sonne tritt. Krächzende Möwen picken Essensreste auf, die von Fußgängern weggeworfen wurden. Sie fliehen auf ihren dünnen Beinchen vor den Tritten der Menschen und lassen sich flügelschlagend hinter ihnen wieder nieder.

Ein Fischer flickt ein zerrissenes Fangnetz. Kinder radeln am Kai entlang und versuchen, mit ihren Fahrrädern einige Kunststücke zu machen. Auf einer gelben Bretterwand hat jemand mit roter Farbe und kräftigem Pinselstrich Ausländer raus gemalt, dekoriert mit mehreren Hakenkreuzen. Ein Hubschrauber knattert über das Hafenbecken und zieht den aerodynamischen Lärm noch lange hinter sich her.

9. Fritz Krugmann

Claudia und Fritz Krugmann sitzen in bunten Campingstühlen vor ihrem Ferienhaus in Vemmingbund in Dänemark, sie winken Sigurd zu, der durch den Sandstrand angestapft kommt. Sie wohnen in einem traditionellen dänischen Ferienhaus. Der Stil der Einrichtung ist skandinavisch und schlicht.

Zwischen Strand und den Sommerhäusern erstreckt sich in reizvoller Natur eine mit Strandgras bewachsene Dünenlandschaft. Am Ufer liegt verrottender Seetang und vertrocknetes Seegras. Es riecht nach Meer. Das Wasser der Bucht plätschert sanft an das Ufer.

Fritz Krugmann ist Rechtsanwalt und Notar, ein gutaussehender, agiler, forscher Mann mit vollen, grauen Haaren. Wenn er einen Raum betritt, füllt er diesen mit seiner Präsenz aus. Gespräche kommen zum Erliegen. Seine Kanzlei genießt einen guten Ruf, er ist ein erfolgreicher Verteidiger. Im juristischen Umfeld zeigt er sich unbeugsam, in seinen Manieren vor Gericht oft arrogant und besserwisserisch. In seinem Büro herrscht ein humorloser Arbeitsdruck, doch für erfolgreiche Prozesse werden die Mitarbeiter auch vor allen Kollegen gelobt.

Fritz Krugmann ist ein Meister darin, Zahlen und wissenschaftliche Argumente in Diskussionen einzubringen. Aber nur, wenn er sich mit dem Thema gut auskennt und es ihn interessiert. Wenn nicht, würgt er Debatten schnell ab, wird laut, macht sich darüber lustig oder sucht ein anderes Thema. Er führt Streitgespräche aggressiv, ohne Rücksicht auf Freund oder Feind.

Krugmann ist ein leidenschaftlicher Koch und verwöhnt seine Gäste mit erlesenen Gerichten. Dazu werden exzellente Weine und ausgezeichnete Schnäpse gereicht.

Seine Mitgliedschaft im Golfclub seiner Heimatstadt ist für ihn von großer Wichtigkeit. Sein Golfspiel selbst ist mittelmäßig.

Es gibt für ihn keine politischen Präferenzen. Wahrscheinlich hat er schon einmal jede im Parlament vertretene Partei gewählt. Inzwischen hasst er die Linken aber genauso wie die Gewerkschaften.

Er wuchs in bescheidenen Verhältnissen auf. Sein Vater war Kranführer bei einem Bauunternehmen und verstarb früh. Er hasst seine Mutter und verachtet seinen Bruder wegen dessen Erfolglosigkeit. In den letzten Jahren sagte er einmal zu Sigurd, dass er nie wieder arm sein wolle.

Claudia Krugmann ist im klassischen Sinne keine hübsche Frau, ihre Ausstrahlung kommt mehr aus dem Inneren ihrer Persönlichkeit. Bevor sie Fritz Krugmann kennenlernte, arbeitete sie als Dozentin für Erwachsenenbildung. Sie war früher politisch bei den Grünen engagiert, heute wählt sie konservativ oder gar nicht.

Die Krugmanns sind kinderlos, was Claudia nichts ausmacht, da sie mit Kindern nichts anzufangen weiß.

Sie hat in ihrer Beziehung zu ihrem Mann Methoden entwickelt, um seine Wutanfälle, Ungerechtigkeiten und Aggressionen nicht an sich heranzulassen. Der Grad ihrer Unterwürfigkeit grenzt manchmal an Selbstaufgabe. Es gab in der Vergangenheit nur vereinzelte Versuche, sich zu wehren. In unbeobachteten Momenten hängen ihre Mundwinkel weit nach unten, und ihre Augen schauen traurig.

Während Sigurd sein Gepäck verstaut, wandert Fritz ungeduldig durch das Ferienhaus. Die alten Dielen knarren unter seinen Schritten. Sigurd muss an die Zeit denken, als er Fritz zum ersten Mal begegnete. Es war in Krugmanns Kanzlei, als Sigurds Firma dort eine neue Rechtsanwaltssoftware installierte. Damals hatte ihn Fritz mit seinem Charisma, seiner freundlichen, aufmerksamen und neugierigen Art beeindruckt. Es dauerte nicht lange, bis er zu einem der wichtigsten Berater der Complan GmbH in allen Rechtsfragen wurde. Sigurd und er haben seitdem eine enge Freundschaft aufgebaut, die weit über die geschäftliche Ebene hinausgeht. Sigurd schätzt Fritz' Integrität und seine Fähigkeit, klare Entscheidungen zu treffen und er bewundert seine Hartnäckigkeit und seinen Ehrgeiz, der ihn immer wieder zu neuen Höhenflügen antreibt.

Sigurd lernte viele Menschen über Fritz Krugmann kennen. Er blieb jedoch der Einzige in Krugmanns engeren Freundeskreis. Alle anderen ehemaligen Freunde oder Bekannte wurden nach und nach ausgeschlossen oder haben sich aus eigenem Antrieb zurückgezogen. Krugmanns vermissen niemanden von ihnen.

Fritz trägt eine verblichene beige Seglerhose und ein rosafarbenes Shirt von Lacoste. Seine Oberarme sind mit grauen Haaren bedeckt, und grau gesprenkeltes Haar quillt wie ein struppiger Wald aus seinem Shirt hervor.

„Moin Sigurd", begrüßt er seinen Freund in Kanzleilautstärke. Sein norddeutscher Akzent macht die Worte schwer wie Steine und schichten sie wuchtig auf.

„Hast du eine gute Fahrt gehabt?", fragt er mit einem falschen Grinsen. Sein Kopf hat eine rötlich-braune Färbung, die an Ziegellehm erinnert.

„Wie war deine Fahrt?", wiederholt er.

Sigurd beginnt von seiner Reise von Usedom nach Dänemark zu erzählen, als ihn sein Freund abrupt unterbricht. Sogar im T-Shirt sieht er aus, als trüge er Anwaltsrobe.

„Halt! Red nicht weiter."

„Ich wollte nur ...", erwidert Sigurd.

„Nein", schneidet ihm Fritz das Wort ab, „hör mir genau zu und lass mich ausreden. Ich will nichts von deinen Problemen wissen.

Ich werde dich auch nicht persönlich beraten. Du kannst hier gerne ein paar Tage Ferien machen, aber ich verbringe meine Zeit nicht mit Geschwätz und Betrügereien."

Sigurd stammelt verwirrt: „Ich bin schon deiner Meinung, aber bis zu einem gewissen Grad ..."

„Bei dem, was du getan hast, gibt es keine Gradeinteilung", wird er von Fritz erneut unterbrochen. Mit seinem dicken Zeigefinger, der zwischen den Gelenken dicht behaart ist, klopft er seit geraumer Zeit nachdrücklich auf die Lehne des Ledersessels.

Sigurd spürt die Hitze in seinem Gesicht. Krugmann ballt seine Hände zu Fäusten.

„Was du getan hast, kann kein Anwalt erfolgreich verteidigen. Es steht doch schon in der Bibel: Ihr sollt nicht stehlen, noch lügen, noch fälschlich handeln, einer mit dem andern. Sigurd, mach keinen Fehler! Ich meine es ernst. Begehe keinen Fehler. Wende dich an die Polizei. Jeder Betrug ist ein Verbrechen."

„Fritz!", tönt Claudias Stimme sanft von der Terrasse.

„Mittagessen".

Der rotgesichtige Mann im rosa T-Shirt blickt Sigurd grimmig an und fragt: „Hast du Hunger?"

„Nein, nein, ich bin nicht hungrig. Ich bin nur sehr enttäuscht von dir! Was du sagst, ist reine Heuchelei."

Krugmann macht dieser Vorwurf nicht weicher, aber doch leiser. „Heuchelei?", sagt er mit lauerndem Blick.

„Du hast nicht die nötige Ernsthaftigkeit mit deinem Diebstahl umzugehen. Glaubst du wirklich, dass du mit deinem Betrug davonkommst? Hast du nicht gewusst, was du riskierst?"

Seine Augen wirken wie kleine Irrlichter in dem Ziegelgesicht, wässrig-blau wie mit Wasser lackiert. Er setzt sich an den Mittagstisch, ohne auf eine Antwort von Sigurd zu warten.

Sigurd schlägt das Herz so heftig wie einem beim Lügen ertappten Kind, und seine Knie sind weich vor Wut. Er reiste nach Dänemark, um seinen Freund um Hilfe zu bitten, aber er rechnete nicht damit, dass ihn Krugmann mit schweren Vorwürfen überhäufen und jede Unterstützung ablehnen würde. Seine Niedergeschlagenheit ist so groß, dass er sie noch dadurch steigert, indem er sich einredet, dass Fritz recht hat. Er weiß, er darf jetzt nicht emotional werden, obwohl das Gefühl versagt zu haben, an ihm hängt wie ein schweres Gewicht.

Das erste Bier wird geöffnet. Über Sigurds Probleme wird nicht mehr gesprochen. Mit einem Motorschlauchboot fahren sie über den Vemmingbund nach Sønderborg. Links ist die Gedenkstätte der Düppeler Schanzen zu sehen. An dieser dänischen Wehranlage entschied sich der deutsch-dänische Krieg 1864, als die Preußen die Schanzen eroberten.

Sie schlendern durch das niedliche Städtchen Sønderborg, trinken in einer Hafenschenke Bier, kaufen Fisch und Lakritz. Abends gehen sie in Vemmingbund in ein Strandrestaurant, bestellen Aal satt und Aquavit. Am Ende des Abends haben sie eine ganze Flasche geleert. Die Stimmung steigt mit jedem Glas, genauso wie die Lautstärke und Intensität ihrer Gespräche.

Früh am Morgen geht er zur Bucht. Die Brandung des Vemmingbund Strandes schwappt ans Ufer. Das eiskalte Ostseewasser vertreibt den Schlaf der Nacht. Er wandert barfuß am Wasser entlang. Möwen fliegen über die leere Bucht und schreien laut. Sigurd fröstelt in seinem T-Shirt. Er ist zu dieser Zeit allein unterwegs. Auf einigen Feuerstellen liegen Plastikflaschen und Zigarettenkippen. Er ist sich noch nicht sicher, wie weit er gehen wird. Das Ferienhaus der Krugmanns ist in der Ferne kaum noch zu erkennen.

Während er am Ufer entlangläuft, fühlt er sich noch immer gedemütigt. Grimmig denkt er an Fritz, an die emphatische Leere im Ferienhaus. Er stolpert über einen angeschwemmten Ast und stürzt beinahe. Das Strandgras bewegt sich sanft im Wind.

Krugmann läuft hinter ihm her und ruft laut seinen Namen. Momentan ist er kaum zu erkennen, da dort, wo er jetzt läuft, das Meer unter der Sonne glitzert und blendet. Sigurd läuft rückwärts um die einzelnen Schaumzungen der Brandung herum. Wie ein Kind schwingt er dazu seine Arme. Aus purer Lust. Durch den körnigen Sand der Dünen stapft er Fritz Krugmann entgegen.

10. Natasha Zdenka

Sigurd verlässt den Flughafen Amsterdam Schiphol mit einem eleganten silbergrauen BMW-Mietwagen durch ein Gewirr von Schnellstraßen. Erst nach mehreren Kilometern lässt er das geschäftige Treiben des Flughafens hinter sich. Er spürt die Freiheit und Abenteuerlust, die ihn hierhergetrieben hat. Während er immer tiefer in das Herz der niederländischen Landschaft eintaucht, wirft die Sonne ihr goldenes Licht auf die lieblose Architektur grauer Silos, Garagen, Gewächshäuser und Scheunen. Die Gettoisierung der Provinz hat sich auch in diesem kleinen Land in Europa schleichend vollzogen. Traurig stehen sie da, die neuen Siedlungen, in denen die Bewohner von edlen Boutiquen in fernen Einkaufsstraßen träumen. Zwischen den Wohnblöcken stehen Bürogebäude mit ihren dunklen Glasfassaden, dahinter die Lagerhallen der Gemüsegroßhändler und immer wieder Baumärkte. Manchmal sieht er Gesichter der Aussortierten, der Schwervermittelbaren und der noch Geduldeten. Sie sehen müde aus und grau, wie nach einer langen Gefangenschaft. Sigurd fragt sich, welche Träume sie noch haben.

Olivia Bosman und Natasha Zdenka begrüßen Sigurd mit einem breiten Lächeln und sanften Umarmungen. Er betritt eine kleine Wohnstube mit hellblauen Gardinen. Auf beiden Seiten des Fensters befinden sich Bilder von schneebedeckten Bergen und grünen Landschaften. Der Raum riecht muffig, als hätte er lange Zeit leer gestanden.

Olivia wohnt seit einiger Zeit mit ihrem Mann Willem Bosman in diesem Häuschen direkt an einer Gracht. Ihre Schwester Natasha lebt in St. Petersburg in Russland und ist dort eine bekannte Malerin. Sie hat gerade eine Bilderausstellung in der Nähe von Amsterdam.

Natasha ist etwa vierzig Jahre alt, hat dunkelbraunes Haar und ein gewinnendes Lächeln. Sie hat zu ihren schwarzen Strümpfen leicht hochhackige Schuhe angezogen. Dazu trägt sie einen Minirock und ein tief ausgeschnittenes Shirt.

Sigurd lernte sie vor vielen Jahren in St. Petersburg kennen, als er dort mit Fritz Krugmann Bilder für eine Ausstellung in Deutschland zusammenstellte.

Abends gehen sie in eine nahegelegene Musikkneipe, wo schon viele junge Leute bestens gelaunt sitzen. Das Lokal ist auch gegen Mitternacht noch voll und der Lärmpegel hoch, die Stimmung ist prächtig. Sigurd versucht, Natasha mit seinem Charme zu beeindrucken. Sie ist sein Frauentyp. Er liebt die Art und Weise, wie sie spricht, wie sie lächelt, wie sie sich bewegt.

Er lässt seine Probleme für eine Weile hinter sich. Sie schaut ihn mit diesem Blick an, den Frauen haben, wenn sie jemanden mögen, und erzählt von ihrer Familie, ihrem Haus und ihrer Kunst. Er ist sich noch immer nicht sicher, ob sie allein in dem großen Haus in St. Petersburg lebt. Unvermittelt lässt sie Sigurds Hand los und sagt: „Wir sollten jetzt schlafen gehen. Morgen ist ein langer Tag.“

Von seinem Hotelzimmer aus betrachtet er den grauen Asphalt mit den weißen Linien eines riesigen Parkplatzes, auf dem Lastkraftwagen und Autos auf ihr Startsignal warten. Hinter einer Autobahnbrücke ragen wuchtige Industriehallen in die Höhe.

Kaum ein Ort kann einsamer sein als dieser. Sigurd kennt keine andere Landschaft, über der das Licht so grau ist wie über Bodegraven. Graue Wiesen werfen das graue Licht wieder zurück. In der Ferne tauchen wie aus dem Nichts Autos auf, als kehrten sie zurück aus einer Welt, die nur den Asphalt kennt. Der Autolärm verschwindet im Nebel der Entfernung.

Eloy de Jong schmachtet aus den Lautsprechern des Hotels. Das ist schön und schrecklich zugleich, denn während er von Liebe singt, gehen die Paare im Frühstücksraum eigenartig lieblos miteinander um.

Sigurd macht sich nach einem kargen Frühstück auf ungeharkten Kieswegen auf den Weg nach Bodegraven. In einem Café bestellt er eine Coca-Cola und spült damit den Alkohol vom gestrigen Abend weg.

Auf dem großen, leeren Platz vor dem Rathaus steht ein Mädchen und fotografiert mit ihrem Mobiltelefon den trostlosen Vorplatz. Das Mädchen kichert und verschwindet mit ihrem Fahrrad hinter einer Hausecke.

Ein Hund bellt lustlos. Gegenüber harkt eine Frau den Gehweg. Wäsche zappelt auf einer Wäscheleine auf einem Balkon, der in blassen Flocken wie bei einer Schuppenflechte abblättert. Es weht ein Hauch von Sommer durch die Luft. Einige Cirruswolken verharren regungslos am Himmel, lösen sich nach und nach auf. Ahornblätter werfen Motive wie Scherenschnitte auf den gepflasterten Boden. Bindfäden wurden gespannt, um frisch gesäte Rasenflächen zu schützen. Sigurd zahlt, schlendert über den Rathausplatz.

Während er noch darüber nachdenkt, wie er morgen nach Zürich fahren wird, werden seine Gedanken jäh unterbrochen, als sich plötzlich zwei kräftige Männer bei ihm unterhaken. Einer der Männer, ein massiger, untersetzter Mann, sagt mit rauem osteuropäischem Akzent: „Kein Ärger! Komme mit."

Die beiden schieben Sigurd in Richtung eines VW-Transporters, dessen weit geöffnete Tür sich wie der Schlund eines Wals vor ihm auftut. Sigurd versucht sich gegen ihre festen Griffe zu wehren und stößt dabei einen der Männer gegen ein Hinweisschild. Ein schmerzhafter Schlag in den Magen lässt ihn nach vorn kippen, ein weiterer Faustschlag trifft seinen Rücken. Sigurd ist unfähig, sich zu verteidigen. Sein Instinkt sagt ihm, dass die Männer ihn töten werden. Er sackt in sich zusammen und sinkt von Furcht überwältigt zu Boden. Die Männer sind irritiert, als er zusammenbricht. Wütend versuchen sie, ihn zum Transporter zu schleifen, als bereits die ersten Gäste des Cafés herbeieilen, um zu helfen.

Die Kidnapper geben schließlich auf und springen zurück in den Transporter. Der Volkswagen rast mit quietschenden Reifen davon, während die Männer aus dem Fahrzeug auf Sigurd blicken, wild gestikulierend, um kurz darauf um die nächste Straßenecke zu verschwinden. Sigurd rappelt sich auf und ahnt, dass er nur knapp dem Tod entkommen ist.

Trotz des Schocks behält er das versuchte Kidnapping für sich und erzählt Olivia und Natasha nichts davon. Stattdessen beschäftigt er sich mit der Frage, wer hinter der Entführung stecken könnte. War es tatsächlich die Russenmafia? Die Entführer waren zumindest äußerlich und sprachlich Osteuropäer. Aber aus welchem Land, das kann er nicht sagen. Wie haben sie ihn ausfindig gemacht? Warum gerade in Bodegraven? Und vor allem: Ist es überhaupt noch möglich, seine Fluchtpläne fortzusetzen?

Natashas Stimme klingt nachdenklich. Sie blickt gedankenverloren auf Sigurd, bis sie aufschreckt und wegschaut.

„Warum bist du hier?", fragt sie mit spröder Stimme.

„Möchtest du mir etwas sagen?"

„Ich wollte nichts Besonderes", wiegelt Sigurd ab.

„Ich war nur zufällig in Den Haag, um einen Geschäftspartner zu treffen. Fritz Krugmann hat mir von deiner Ausstellung erzählt, und ich dachte, ich schaue mir deine Bilder mal an."

„Und da kommst du einfach so her? Hast einfach so an mich gedacht?"

„Natürlich."

„Aber nur wegen der Ausstellung?"

„Sowohl als auch."

Natasha schaut ihn nachdenklich an. Schweigt. Sigurd fragt sich, was mit ihm los ist, dass er seine Gefühle nicht in Worte fassen kann.

Am Mittag trifft Natashas Tochter mit einem verkniffenen Russen ein, der Sigurd misstrauisch beäugt. Der könnte auch gut in dem VW-Transporter gesessen haben, denkt Sigurd.

Sie fahren zur Ausstellung von Natashas Bildern. Sigurd blickt melancholisch auf die Landschaft. Grachten, Boote, Mühlen, feuchte Wiesen ziehen vorbei, Straßen mit schmalen Gassen, Denkmäler, Neubausiedlungen und immer wieder Gewerbehallen. In der Ferne dampfen Schlote und blubbert Schlamm in Klärbecken, in der Luft hängt der schwere Geruch von Schwefel.

Natasha flüstert ihm zu: „Warum bauen die Menschen so hässliche Bauwerke in eine so schöne Landschaft?"

Die Galerie Heijn befindet sich in unmittelbarer Nähe des Flughafens Schiphol. Der Lärm der startenden und landenden Flugzeuge ist ohrenbetäubend. Sigurd spürt die Sonne auf der Haut. Eine Frau mit langen blonden Haaren winkt mit den Armen und überquert das dunkle, von Moos überwucherte Pflaster, um sie zu begrüßen. Der warme Wind verweht ihre Haare.

Die Luft in der Galerie ist angenehm kühl. Ein Lufthauch bringt die weißen Vorhänge sanft zum Schwingen. Die Sonnenstrahlen verblassen in den dünnen Leinen.

Die blonde Frau zupft an der Knopfleiste ihres hellblauen Hemds, fächelt sich mit dem Stoff etwas Luft zu und deutet mit ausgestrecktem Arm auf Natashas Bilder: „Da sind sie."

Die Bilder hängen in einer überschaubaren Ausstellung an grauen Wänden. Einige davon gefallen Sigurd, die meisten sind ihm aber zu nichtssagend, die esoterischen Weltuntergangphantasien und religiösen Motive zu abgeschmackt. Er kann ihre Begriffsphantastik nicht enträtseln. Natasha Zdenka steht am Fenster und blickt auf den kleinen Innenhof.

Sigurd fragt: „Glaubst du an deine Bilder?"

„Manchmal."

Er legt seine Hand auf ihre und fragt vorsichtig: „Hätten wir sündigen sollen?"

Natasha lächelt und lässt ihn ohne Antwort zurück. Sie ist eine weitsichtige, kluge Frau: Was noch fern ist, das sieht sie schon scharf. Kurze Zeit später unterhalten sie sich im Schatten des Innenhofs der Galerie. Er genießt es, hier mit ihr im kargen Grün zu sitzen. Sie legt ihre Hand auf seinen Arm.

„Vielen Dank für deinen Besuch, Sigurd."

Natasha ist sehr gefragt. Die blonde Frau ruft ihren Namen. Ein flüchtiger Kuss und eine kurze Umarmung, und er ist entlassen aus ihrer Gefangenschaft und der ihrer Bilder.

Bevor er sich am nächsten Tag auf den Weg nach Zürich macht, fährt er mit seinem Mietwagen zum Scheveningen Strand, einem langen, breiten Sandstrand mit Seebrücke, Bars, Restaurants und Touristenattraktionen wie ein Riesenrad oder eine Seilrutsche. Möwen flattern kreischend über die Promenade.

Sigurd betritt einen Aussichtsturm am Ende der weit in die Nordsee ragenden Seebrücke. Auf der Meeresoberfläche schwappt ein Ölfilm im Gleichklang mit den Wellen auf und ab. In der Ferne ankert ein Dampfschiff, dümpelt unbeweglich vor sich hin. Die Flagge Libyens hängt schlaff am Heck. Ein Rettungshubschrauber rattert vorbei. Das brackige Wasser klatscht gegen den feinen Strand. Rückwärts stehen traurige, weiße Hochhäuser.

Eine kleine düstere Bar lädt zum Billardspielen ein, aber sie ist noch geschlossen. Die Leuchtreklame flackert. Kaum jemand schlendert auf der Promenade, und wenn, dann sind es Handwerker oder Lieferanten. Ein junger Schwarzer fährt mit seinem Fahrrad Slalom um die Straßenlaternen, Blumenkübel, Sitzbänke und Papierkörbe. Ein alter Mann geht mit seinem Hund entlang der Restaurants und Verkaufsläden. Ein anderer Hund ist ohne Besitzer unterwegs. Ein Windstoß treibt eine Bierdose vor sich her.

11. Louis Kuhn

Sigurd steuert den BMW von Nordrhein-Westfalen über Frankfurt in den Süden Deutschlands. Einen ersten Halt macht er hinter Frankfurt in einem hessischen Wirtshaus, bestellt sich Wildschwein mit Rotkraut, Kartoffeln und Salat.

Die Straße am Rhein entlang bis nach Gengenbach scheint ihm wie eine breite, schnurgerade Spur, die den Autofahrern den Fluchtweg in den Süden weist. Sonnenschein füllt den westlichen

Horizont aus. Viele Menschen kriegen sich vor Begeisterung nicht mehr ein, wenn sie durch diese bunten Städte im Süden Deutschlands gehen, aber Sigurd langweilt die Spießigkeit dieser vorgegaukelten heilen Welt. Im Hotel „Sonne“ muss er das Anmeldeformular ausfüllen. Später sitzt er im Gastraum an einem Holztisch und bestellt Bier. Niemand beachtet ihn und niemand spricht ihn an.

Zürich ist zwar eine schöne, aber auch langweilige Stadt. Wenn man von einem der vielen Berge auf die Stadt hinunterblickt, glitzert der See, während die verschneiten Alpengipfel das Gefühl von unbändiger Natur vermitteln. Zürich ist aber auch hässlich. Besonders in Gegenden, in denen die Arbeiter und die Unterschicht ihre Miete gerade noch bezahlen können.

Sigurd ist in der Altstadt unterwegs. In einem kleinen Programmkino schaut er sich den Film *Frau ohne Gewissen* von Billy Wilder aus den 1940er-Jahren an. Später schlendert er ohne Ziel durch die Dämmerung bis zum Paradeplatz. Auf der anderen Seite des Limmatflusses steht er vor einem Buchladen, der seine Schaufenster mit Reiseliteratur über die USA dekoriert hat. Die Buchhandlung und die Boutiquen entlang der Bahnhofstrasse sind jedoch um diese Zeit bereits geschlossen. Sigurd irritieren die zu Dutzenden aufgehängten Schweizer Fahnen entlang der Bahnhofstrasse, an denen er wie bei einem Aufmarsch entlangläuft.

Er muss an sein Treffen mit Louis Kuhn denken, an seinen ausdruckslosen Gesichtsausdruck, als er 9.990 € aus seinem Rucksack kramte und ihm bedächtig die Scheine über den Schreibtisch schob. Noch immer beschäftigt ihn die professionelle Selbstsicherheit, mit der Kuhn die Kontoeröffnung abschloss und ihm am Ende eine glänzende Kreditkarte überreichte. In diesem Moment wusste er, dass Zürichs Banker geldgierige Gauner sind. Sie wissen genau, warum Betrüger wie Sigurd ihr Geld in der Schweiz anlegen.

Der Gedanke daran, dass er zu diesen Kriminellen gehört, lässt ihn wie paralysiert durch die Innenstadt von Zürich laufen.

Anstatt in sein Hotel zurückzukehren, betritt er mit einem bitteren Lächeln die Andorra-Bar in der Münstergasse. Er nimmt einen tiefen Schluck seines Bieres und lässt sich von der entspannten Atmosphäre der Bar treiben. Die sanfte Musik aus den Lautsprechern umhüllt ihn, während er die schwatzenden und gut gelaunten Gäste beobachtet. Zweifel überkommen ihn, ob er wirklich am richtigen Ort ist oder ob er nur vor seinen eigenen Problemen davonläuft. Er ist nicht in der Stimmung, sich zu betrinken, um Schranken zu überwinden.

Eigentlich ist er nur noch müde und immer noch aufgewühlt von seinem Banktermin mit Kuhn. Eine Dusche wäre jetzt nicht schlecht. Plötzlich wird er von einer tiefen Melancholie erfasst. Er sollte eine Idee haben, wie es weitergeht, aber er hat keine. Auf der Münsterbrücke zündet er sich eine Zigarette an, beobachtet die Limmat, wie sie das aus dem See hinaus fließende Wasser rasch zur Aare leitet.

Auf der Suche nach dem Hotelschlüssel beginnt sein Handy zu vibrieren, lang und ausdauernd. Mit nervösen Fingern nimmt er den Anruf entgegen.

„Hallo?"

Eine heisere männliche Stimme fragt: „Herr Sigurd Paulsen da?"

Sigurd fühlt sich, als würde eine Stahlhand nach ihm greifen. Zaghaft fragte er: „Wer?"

Im dunklen Hotelflur, nur schwach beleuchtet von einer Straßenlaterne, wird der Anruf nach einer kurzen Stille plötzlich von einem Knistern unterbrochen, bevor das Besetztzeichen erklingt.

Sigurds Körper beginnt zu zittern, als ob unsichtbare Hände ihn schütteln würden. Die Vorstellung, dass die Russenmafia ihm möglicherweise bis nach Zürich gefolgt ist, beherrscht seine Gedanken.

Während er auf dem Hotelbett im City-Hotel liegt und an die Decke starrt, gibt er sich immer noch der Hoffnung hin, dass der Anruf nur ein Zufall war und nicht von der gefürchteten Russenmafia kam. Vor dem Hotel lärmen Fußballfans, die ein Lied für ihren Club anstimmen: FC Züri allez, allez.

Auf dem Nachtschränkchen liegt ein buntes Werbeprospekt für Schweizer Feriengebiete. Die Fotos zeigen schneebedeckte Berge, schöne Menschen auf Skiern, glückliche Tiere auf einer Alm und hübsche, einsam gelegene Chalets. Der Werbeprospekt suggeriert auf perfide Weise, dass weiße Menschen ohne Geldsorgen auf weißem Schnee in den Bergen ihren sportlichen Aktivitäten nachgehen können, bevor sie mit ihren Freunden den Tag in einem gemütlichen Chalet ausklingen lassen.

Ein scharfer Wind weht von der Wasserseite her. Die Boote auf dem See schwappen hin und her, vor ihnen wird die Gischt ans Ufer gespült. Das Licht des Mondes flimmert wie bei Föhnwetter, nicht nur auf dem Wasser glitzert es, auch das Laub am Ufer glitzert. Nachtschwärmer, die aus dem künstlichen Licht der Geschäfte und Straßenlampen in den dunklen Schatten der Häuser gehen, verschwinden wie durch einen Zaubertrick.

12. STEPHAN RUPP

Die Wolken hängen tief. An der Grenze beginnt es zu nieseln. Sigurd reiht sich in eine lange Schlange von Autos ein, die aus der Schweiz und Deutschland gekommen sind, um in Frankreich

Lebensmittel zu kaufen, vollzutanken oder zur Arbeit zu fahren. Es ist ein leichter Wind aufgekommen, der den Regen auf die Frontscheibe drückt. Am Morgen war der Himmel in Zürich noch wolkenlos.

Sigurd fährt Abkürzungen und kommt auf eine lange, mehrspurige Straße, die zur Autobahn führt. Die Landschaft, die er durchfährt, ist nicht besonders einladend. Ein Hügel liegt bald hinter ihm. Mit dem Zeigefinger klopft er den Takt eines Liedes auf das Steuerrad, während er auf die schwarz-weiß-roten Verkehrsschilder achtet, an denen er vorbeifährt.

Die Autobahn A6 verläuft fast schnurgerade hinter Beaune nach Süden. Das Thermometer zeigt 22 Grad an. Er umfährt Lyon auf der Autoroute entlang der Rhône. In Bollène stehen Atomkraftwerke. Dreist wurden spielende Kinder auf die Kühltürme gepinselt. Das frisch gemähte Gras duftet aus den Wiesen. Die verwitterten Häuser der Provence flimmern im gleißenden Sonnenlicht, als wären sie in silbernes Bonbonpapier gewickelt.

Stephan Rupp ist ein cooler Typ. Er hat eine rauchige Stimme und spricht mit schwäbischem Dialekt. Er ist gertenschlank und macht einen zähen, agilen Eindruck. Seine 50 Jahre sind ihm nicht anzusehen, was auch an seinen schulterlangen, eisgrauen Haaren liegen mag, die seinen künstlerischen Habitus unterstreichen.

Stephan ist Maler und Fotograf und gilt als einer der besten Provence-Fotografen Frankreichs. Wie fast jeder Künstler ist er ein Egomane, aber in guten Momenten verfügt er über eine gewisse Selbstironie. Sigurd mag auf Anhieb seinen trockenen, gescheiten Humor und sein Interesse an Fußball und Politik.

Gudrun ist eine hübsche, intelligente Frau im Alter ihres Mannes. Herzlich drückt sie Sigurd ihre Brüste entgegen. Sie hat an der Universität von Austin, Texas, Philosophie studiert, ist aber nun als Künstlerin tätig. Aus Eisenresten, Holz und Rostteilen fertigt sie ungewöhnliche Skulpturen.

Zum Abend hin wird die Stimmung immer hitziger und die Thesen gewagter. Sie rauchen wie verrückt. Eine Flasche Schnaps ist bald leer, eine Flasche Wein wird geöffnet. Fragen von epochaler Bedeutung werden leidenschaftlich debattiert. Es wird eine zweite Flasche Wein geöffnet.

Die Gespräche mit Gudrun drehen sich hauptsächlich um philosophische Themen, während Stephan lieber über gesellschaftspolitische Themen schwatzt. Im Laufe der Nacht hat er nur zwei Schnäpse und ein oder zwei Dosen Bier getrunken.

Gudrun flüstert Sigurd zu: „Bei zu viel Alkohol wird er aggressiv."

Nach der dritten Flasche Wein machen sie sich auf den Weg zu Sigurds Quartier. Im Foyer steht ein Billardtisch und ein Kickertisch. Stephan und er nicken sich zu, hier und heute muss ein Sieger ausgespielt werden. Sie schenken einander nichts. Es herrscht ein ständiges Hin und Her. Sie lachen und albern wie Kinder. Zwanzig Spiele später beenden sie gegen halb zwei schweißgebadet ihren kleinen Wettstreit, ohne dass ein Gewinner feststeht.

Sigurd fällt erschöpft ins Bett. Er hat Durst auf Wasser. Auf viel Wasser. Die Windläden klappern, der Wind pfeift aggressiv.

Er erinnert sich in seinen Tagträumen des frühen Morgens an die klaren Sommernächte, die er schon in der Provence verbracht hat. Windige Nächte wie diese waren selten. Die Dunkelheit der Dämmerung lässt ihn die Umrisse von Oliven- und Obstbäumen erahnen. Das verblassende Schwarz der Nacht wird von dem Gesang der Zikaden, dem süßen Duft von Pfirsichen und dem Duft von Lavendel und Jasmin erfüllt.

Sigurd fühlt sich leicht und unbeschwert, wie ein Vogel, der in die Freiheit fliegt.

Am Nachmittag setzen sie ihre Gespräche über Philosophie, Fotografie, Kunst und Fußball fort. Es werden belegte Schnittchen, Bier und Wein gereicht. Walter, ein Schweizer, feiert seinen Geburtstag im Atelier der Rupps. Die Geburtstagsgäste treffen allmählich ein. Stephan präsentiert die Dias seines aktuellen Projektes Orangenfelder. Später wird zu flotter Funk-Musik getanzt.

Mitternacht. Sigurd trinkt Alkohol. Funk wird von deutscher Schlagermusik abgelöst, nach der nun die 12- bis 16-jährigen Kinder und Jugendlichen tanzen. Deutsche Schlager! Es ist erstaunlich, wie sich der Musikgeschmack verändert hat. Stephan Rupp meint verächtlich, dass es sich um Samenklemmermusik handelt.

Sigurd besucht Fontaine-de-Vaucluse. Die Sorgue entspringt hier vor einer mächtigen Felswand. Der Meeresforscher Jacques-Yves Cousteau erforschte die unterirdischen Quellen und Höhlen. Die Quellhöhle ist 308 Meter tief und damit die tiefste der Erde. Das Höhlensystem ist ein unterirdisches Becken mit einer Fläche von 1.100 Quadratkilometern, dass das Wasser des Mont Ventoux und der Montagne de Lure aufnimmt.

Sigurd atmet die kühle Luft der Quelle ein und reibt seine Arme, um sich aufzuwärmen. Über eine Steinbrücke gelangt er zum Place de la Colonne. Der Dorfplatz wird von mächtigen Platanen gesäumt, aus einer Bar trällert Musik. Junge Leute küssen sich auf Bänken, kichern, als die Fontänen eines kleinen Brunnens hochschießen.

Er läuft unter den Platanen entlang, während die Hitze des Tages seine Wangen zum Glühen bringt. Ein paar Schwäne flattern auf dem klaren Wasser der Sorgue, die Enten am Ufer beobachten ihn aufmerksam. Autos fahren schnell vorbei. Die gewaltige Felswand leuchtet in der Mittagssonne. Ein Leuchten, das ihm wie ein Sonnenuntergang vorkommt.

Sigurd ist nicht in bester Verfassung. Schlafmangel, Alkohol und die vielen Zigaretten machen ihm zu schaffen. Sein Herz schlägt schnell und schmerzt bis zum Hals hinauf. Seine Gedanken verlassen den geplagten Körper und trennen sich von ihm. Er fühlt sich wie ein Luftballon, der unter einer Zimmerdecke schwebt. Er sieht sich von oben, wie er auf dem Rücken unter der Bettdecke liegt, nur seine Hände und sein Kopf sind zu sehen. Er ist erstaunt, dass seine Augen geschlossen sind.

Lange vor Morgengrauen beginnt die Wohnung durch das Bollern der Transporter und Lastwagen mit ihren schweren Anhängern zu erzittern, was nur kurz unterbrochen wird, wenn die Fahrzeuge von einer Ampel gestoppt werden.

Trotzdem kommt es ihm plötzlich so vor, als sei es still im Haus, eine Stille, so als sei er taub. Die einzigen Geräusche, die er wahrnimmt, sind das leise Summen des Kühlschranks, sein eigener Atem, sein Husten. Durch das kleine Fenster in der rustikalen Küche, in der auch tagsüber das Licht angeschaltet werden muss, blickt er auf einen hölzernen Geräteschuppen.

Sigurd sucht die Ruhe der Einsamkeit. Ein paar Kilometer von Malaucène entfernt wandert er einen Hügel hinauf, schwitzend und schwer atmend, aber mit einem weiten Ausblick auf den Mont Ventoux und das kleine Städtchen. Der Himmel glänzt strahlend blau. Sigurd fühlt sich sicher. Er kann sich nicht vorstellen, dass die Russen ihn bis hierher verfolgt haben.

Er fühlt sich wie in zwei Hälften geteilt: Ein Teil von ihm läuft durch Malaucène, bleibt immer mal wieder stehen, um sich die kleinen Geschäfte anzusehen, bevor er hoch auf den Kalvarienberg geht, um dort auf den Sonnenuntergang zu warten.

Der andere Teil von ihm wandert hinaus aus dem Dorf, macht sich auf den Weg zu einer Bergflanke des Mount Ventoux. Er blickt über das Land und sieht blühende Lavendelfelder und Weinanbaugebiete. Er weiß, dass dort Schwarze Trüffel und Sommertrüffel geerntet werden.

Nachdem er eine schmale Brücke übergequert hat, spaziert er weiter auf einer von Mandelbäumen gesäumten Straße, vorbei an einem Gittertor, rotbraun vom Rost, und einem Wegkreuz mit der Mutter Maria als Heiligenstatue. Ein leichter Wind treibt die tiefen Wolken vor sich her.

Stephan nimmt Sigurd mit auf eine Foto-Tour. Über Mirabel-aux-Barronies und Nyons führt die Route nach Les Pilles. Sigurd ist von der wilden Landschaft verzaubert. Die Aussicht auf die Berge und Täler ist überwältigend. Stephan fährt auf Wegen, die nur von Bauern oder Schäfern benutzt werden. Bald beginnt eine steile Abfahrt. Sie machen an einer Quelle eine kurze Rast, um das kristallklare Wasser zu trinken.

In einem abgelegenen Tal liegt ein kleines Dorf. Stephan plaudert vor einem Bauernhof wild gestikulierend mit den Bewohnern. Sigurd erfährt, dass eine der Bäuerinnen in einem seiner Bildbände zu sehen ist, wie sie mit einem Messer in der Hand hinter einem Hausschwein herläuft. Männer schleppen lautstark schwere Säcke in einen Schuppen. Mandeln, Feigen, Öl, Wein, Kapern, Zitronen und Oliven werden verstaut.

Sigurd denkt, dass es nichts Schöneres geben kann, als im Morgengrauen aufzuwachen, mit diesen Geräuschen und diesen starken Gerüchen. Die Bäuerin reicht ihnen einen Kaffee. Einer der Männer beißt in ein Baguette, ein anderer raucht. Der Dritte schaut misstrauisch.

Hell leuchtet der Himmel, grün-silbrig glänzen die Berge. In den wenigen Häusern des Dorfes spiegeln sich die flatternden Lichter der Mittagshitze wider. Ein Fluss fließt durch den Ort. Das Geräusch des kristallklaren Wassers mit seinem schimmernden Ufer hat etwas Vertrautes an sich. Das Glockengeläut einer kleinen Kapelle und das Dröhnen eines Motorrades zerreißen die friedliche Stille.

Unterhalb des Dorfes fahren sie weiter bis zu einem Kloster, von dem nur noch ein Gebäudeteil erhalten ist. Von dort geht es weiter zu einer Schlucht, in der vor einigen Jahren Gänsegeier angesiedelt wurden. Stephan erzählt, dass dort inzwischen wieder um die fünfzig dieser Vögel herumfliegen.

Die Wege werden immer enger. Dornige Zweige streifen über das Blech und die Autofenster. Wurzeln schlängeln sich über den steinigen Boden und bringen den Suzuki zum Holpern. Stephan schaltet den Motor ab, als das Buschwerk immer dichter wird. Das Zuschlagen der Türen lässt die Stille erzittern.

Sigurd riecht im Schimmer der Mittagshitze den intensiven Duft der silbrigen Berglandschaft, die von Felsformationen und wilden Thymianfeldern eingerahmt ist. Er kennt diese Gegend der Provence nicht, aber er fühlt sich ihr dennoch verbunden.

Der Weg hinauf auf den Felsvorsprung ist spektakulär. Zuerst geht es sanft bergauf, dann etwa einhundert oder zweihundert Meter steil nach unten. Sigurd hält sich von den Felsklippen fern und bewegt sich vorsichtig hinunter. Beim Abstieg zum Felsplateau sehen sie die ersten Gänsegeier, die über ihnen hinwegfliegen. Sie klettern über mächtige Felsen an knorrigen Sträuchern vorbei bis zu einem Felsvorsprung. Die letzten Meter werden für Sigurd zur Tortur, da es steil nach unten geht. Er zieht sich ängstlich in den hintersten Winkel des Vorsprungs zurück, während Stephan schwindelfrei seine Kamera aufbaut. Von hier aus wirkt die gewaltige Felswand noch gigantischer und noch gefährlicher als aus der Ferne.

Sigurd überkommt eine Phantasmagorie: Er sieht sich plötzlich in die Tiefe stürzen, mit immer größerer Geschwindigkeit, und dann, einen Meter über dem Boden, eine Sekunde vor dem Aufprall, wieder mit einem einzigen Flügelschlag in die Höhe schwingen.

Die imposanten Vögel schweben elegant durch das weite Tal und kreisen majestätisch durch die Luft. Die Thermik des Tals ermöglicht es ihnen, kaum einen Flügelschlag zu machen.

Der Landeanflug ist riskant: Die Geier fliegen mit hoher Geschwindigkeit parallel zur Steilwand. Etwa fünfzig Meter vom Felsen entfernt drehen sie eine elegante Rechts- oder Linkskurve und fliegen dann immer noch mit großer Geschwindigkeit auf die Felswand zu. Sigurd atmet tief ein. Aber die Geier sind keine Selbstmörder. Sie pressen ihre Greiffüße eng an den Körper und drehen ihr mächtiges Federkleid so zur Luft, dass eine heftige Bremswirkung eintritt. Kurz darauf gehen sie dann in den Rüttelflug über. Die schweren Vögel schweben dann wie in Zeitlupe durch den Aufwind bis zu einem etwa 50 Zentimeter breiten Felsvorsprung, auf dem sie sich dann niederlassen.

Wenn die Landung misslingt, wird sofort ein neuer Versuch gestartet. Manchmal hockt dort bereits ein Gänsegeier und es kommt zu einem heftigen Streit. In den meisten Fällen wird der Platz jedoch durch kräftigen Flügelschlag verteidigt.

Sigurd schüttet Unmengen von Adrenalin aus. Plötzlich durchströmt ihn das Gefühl, dass ihm die Kontrolle über sein Leben auf diesem Felsenvorsprung entzogen wird. Die Verzweiflung, die er empfindet, packt ihn mit aller Kraft und schnürt ihm die Kehle zu.

Sigurd beobachtet in einem Café in Vaison la Romaine die vorbeieilenden Besucher des Marktes. Der Mistral weht durchs Land. Er sitzt hier mit gerötetem Gesicht und Kaffeeduft in der Nase neben einigen müden Touristen, die in Vaison einen Zwischenstopp eingelegt haben, um dem Gewusel auf den Landstraßen und dem sandigen Wind zu entkommen. Autos lärmen über die Hauptstraße. Schwere Lastwagen donnern über den Asphalt.

Unter dem Blechdach des Parkplatzes in Vaison la Romaine lässt Sigurd ein lautes, schnarrendes Geräusch zusammenzucken und mit dem Rücken gegen die halb geöffnete Autotür prallen. Ein stechender Schmerz breitet sich im Rücken und Arm aus, während Panik in ihm aufsteigt. Was ist geschehen? Verwirrt sucht er nach der Ursache für das Geräusch und den Schmerz. Doch bevor er eine Antwort findet, hört er plötzlich Schritte hinter sich. Rasch dreht er sich um und sieht eine dunkle Gestalt auf sich zukommen. Sein Verstand schreit nach Flucht. Doch bevor er reagieren kann, verschwindet die Person im Gedränge einer Reisegruppe. Tief atmet er die trockene Luft ein, während er seine Arme kreuzweise nach oben und unten streckt, um nach Spuren des mysteriösen Angriffs zu suchen. Doch zu seiner Verwunderung sind sowohl die Schmerzen als auch die dunkle Person spurlos verschwunden.

José und seine Frau Uschi haben sich eine Ferienwohnung bei den Rupps gemietet. Schon bald glüht auf der Sonnenterrasse die Holzkohle im Grill. José mixt brasilianische Cocktails, die sie schnell in Schwung bringen und die Stimmung anheizen. Stephan trägt stolz ein brasilianisches Fußballnationaltrikot mit der Rückennummer 7, dass er von José ausgeliehen hat. José versichert, dass es sich um das Originaltrikot des Nationalspielers Bebeto handelt. Ihre Gespräche drehen sich hauptsächlich um Fußball, dazu trinken sie Bier. Auf der Terrasse stellen sie Fußballszenen nach, wobei sie Tricks von Mané Garrincha, Stanley Matthews und Reinhard Libuda nachahmen. Sie verabreden ein Fußballmatch auf dem Sportplatz in Malaucène.

Zwei Tage später: José wartet schon am Sportplatz in Malaucène. Er sieht in seinem Bebeto-Trikot, seiner blauen Sporthose, den blauen Stutzen und Fußballschuhen aus wie ein brasilianischer Nationalspieler. Sigurd hat eine kurze Hose, ein T-Shirt und Basketballschuhe für das Match angezogen. Stephan spielt in seinen Jeans, was Sigurd bei diesen Temperaturen überrascht. Ein paar Kinder und Jugendliche aus der Nachbarschaft kicken mit. Nach anfänglichen Schwierigkeiten bekommt Sigurd wieder ein Gefühl für den Ball, für das Laufen, Bewegen und Passen. Ein paar Zuschauer feuern die Mannschaften an. José ist ein technisch versierter Fußballspieler, der viel läuft und ein gutes Auge für seine Mitspieler hat. Stephan spielt einen guten, aber rustikalen Ball. Die Kinder sind mit großer Leidenschaft dabei und rufen immer: „Bebeto, passe, passe."

Mit Einbruch der Dunkelheit brechen sie das Spiel wegen nicht mehr zu ertragender Mückenattacken ab. Sigurds Beine sind schlimm zerstochen. Während der Rückfahrt wird ein Lied angestimmt, zu dem José mit einem Tamburin den Rhythmus schlägt. José ist ein herzlicher Mensch, die Kinder lieben ihn abgöttisch. Sigurd erfährt, dass er ein Percussion-Musiker ist.

In der Grand Rue trinken sie vor Rupps Haus eiskaltes Bier, rauchen, analysieren euphorisiert das Match. Eine Gitarre und Bongos sind schnell herbeigeschafft. Der Abend ist zwanglos und entspannt. José spielt Gitarre und Tamburin, dazu singt er brasilianische Lieder. Er ist nicht nur sehr musikalisch, sondern besitzt auch eine sanfte, gefühlvolle Stimme. Stephan schlägt zu den Liedern auf dem Bongo rhythmisch den Takt.

An Sigurds letzten Abend in Malaucène besuchen sie die Feier zum 14. Juli – das Gedenken an den Sturm auf die Bastille 1789. Schon von weitem hörte man das Gemurmel der Menge wie eine

Woge branden. Es gibt kleine Buden mit Luftballons. Eine Musikkapelle spielt bekannt Gassenhauer. Es werden Kichererbsen und Kürbiskerne in Tüten, Eis und Wassermelonen angeboten. Palmen, Oliven und Johannisbrotbäume sind mit bunten Girlanden geschmückt. Mit Einbruch der Dunkelheit werden Fackeln entzündet, Knallfrösche gezündet und Raketen in den Himmel geschossen. Stephan kritisiert, dass die Firma, die Feuerwerksknaller herstellt, auch Landminen produziert. Ihre Gespräche ziehen sich zäh in die Länge.

Sigurd fährt zusammen, als Gudrun erzählt, dass in den vergangenen Tagen Osteuropäer durch die Grand Rue geschlichen sind und jedes Haus genau inspiziert haben.

Beiläufig sagt sie zu Stephan: „Wir sollten aufpassen, dass bei uns nicht eingebrochen wird."

Sigurd spürt Furcht in seiner Kehle aufsteigen und fragt mit brüchiger Stimme: „Osteuropäer?"

Gudrun wiegelt ab: „Meist sind es rumänische Landarbeiter, die auf den Feldern arbeiten. Aber bisweilen kommen auch Osteuropäer aus anderen Ländern in diese Gegend, um Wohnungen auszurauben."

Erleichtert lehnt sich Sigurd zurück. Das mit den Osteuropäern kann alles bedeuten und lässt viele Interpretationen zu.

13. Karl

Sigurd wartet im Flughafen in Faro auf seinen Freund Karl, der aus Hamburg einfliegt. Er döst ein und tagträumt: Karl, erinnerst du dich an unsere Reisen? Erinnerst du dich an Budapest, an Prag, an Siena, an Malaga? Erinnerst du dich daran, dass wir oft von Portugal sprachen, dass wir uns sicher waren, dass wir eines Tages dorthin reisen werden. Wir besorgten uns bereits Landkarten, Reiseführer, portugiesische Literatur und besprachen Routen und zeichneten Etappen ein. Wir wollten nach Lissabon, dann nach Porto und in den Palácio da Bolsa, danach in die Algarve, dann ins Alentejo. Später vielleicht nach Madeira und den Azoren. Wir schauten uns Fotos vom Castelo de São Jorge an und dachten, dort werden wir stehen, mit weitem Blick auf die Alfama, den Tejo und die südlichen Stadtteile dieser fremden Stadt. Aber irgendwann hörtest du nicht mehr hin, meintest, dass diese Namen wie ein schlechtes Gedicht klingen. Die Denkmäler und Kuppeln, die berühmten Straßen und Kathedralen, die leuchtenden Landschaften Portugals, die Berge und Wälder, die Wüsten und der Ozean, die Flüsse und Bäche und die kleinen Kirchen waren aus deinen Vorstellungen verbannt. Umso mehr freute ich mich, dass du, wenn auch aufstöhnend, sofort bereit warst, einige Zeit mit mir durch Portugal zu reisen.

Karl schlendert fröhlich durch den Ankunftsterminal. Er ist Bühnenbildner an einem Hamburger Theater. Mit seinen vollen schwarzen Haaren, seinem markanten Gesicht mit dem selbstbewussten Blick und seinem Seemannsgang vermittelt er intellektuelle Energie und Individualität. Karl weiß nichts von seinen Betrügereien, seiner Flucht und seinem geplanten Identitätswechsel. Er weiß auch nicht, dass es ihr letzter gemeinsamer Urlaub sein wird.

Sigurd bittet Karl, die notwendigen Formalitäten für den Mietwagen zu übernehmen. Sein Freund schaut ihn verblüfft an, bevor er bei Europcar seinen Führerschein, Ausweis und Kreditkarte über den Tresen schiebt. Die Formulare für einen weißen VW Golf sind schnell ausgefüllt und unterschrieben.

Karl schlägt vor, zunächst nach Fuseta zu fahren, einem Fischerstädtchen im Osten der Algarve. Sigurd betrachtet die Landschaft, die grünen Felder, die bunten Häuser mit ihren Kacheln, die weiß getünchten Kirchen inmitten karger Hügel und wilden Felsformationen, Werbeschilder, Schafe, die auf Weiden grasen.

In Fuseta bestellen sie in einem Café am Praça da República Kaffee und Gebäck. Sigurd sieht den Sommer nicht in den Salinen oder Gemüseplantagen, sondern in den Bäumen dieses kleinen städtischen Platzes. Hier hebt sich das Grün von den zugepflasterten grauen Straßen ab, was ihn eher heiter als traurig macht. Er mag diese Plätze, die als Entschuldigung für die neu gebauten Betonblocks angelegt wurden. Sie sollen den Bewohnern vorgaukeln, dass sie immer noch auf dem Land leben. Menschen unterhalten sich über Alltäglichkeiten. Vögel zwitschern aufgeregt. Bäume werfen kurze Schatten. Ein Brunnen plätschert. Ein früherer Grünstreifen wurde an die Ränder der Häuser verbannt. Kinder kreischen beim Spielen in den Gassen, die von den hohen Zweigen der Bäume überschattet werden.

Sigurd ist plötzlich sehr verlegen, weil er gerne alleine hier sitzen würde. Er ist mit großer Freude nach Portugal geflogen, freute sich auf seinen Freund, auf das Wetter und die Landschaft, auf die Restaurants und Cafés. Aber jetzt stört ihn Karls Anwesenheit.

Inzwischen ist der Tag vorangeschritten. Die Sonne steht schon hoch am Himmel. Die Luft wird immer wärmer. Fuseta vermittelt um die Mittagszeit den morbiden Charme einer längst vergangenen Zeit. Auf einer Steinbank am Hafen beobachten sie die Fischer, Händler, Radfahrer, Mopedfahrer, Kinder und Touristen. Frauen trösten weinende Kinder. Eine Gruppe von alten Männern spielt vor einem Restaurant um etwas Geld.

Das Fischerstädtchen liegt vor der lang gezogenen Ilha da Fuseta, einer imposanten Sanddüne, die dem Festland vorgelagert und an der schmalsten Stelle etwa einhundert Meter breit ist. Fischer sind mit ihren Booten unterwegs. Muschelsammler, Mariscadores genannt, gehen ihrer gebeugten Arbeit nach. Muscheln klauben ist eine körperlich anstrengende Arbeit. Die Grundausrüstung besteht aus Eimer, Köcher, Muschelhacke und Taschenmesser. Sobald der Tidenhub wechselt, beginnt die Suche nach Muscheln. Die Arbeit der Muschelsammler beginnt und endet nie zur gleichen Uhrzeit, da sich der Tidenhub täglich um eine Stunde verschiebt.

Im Zentrum von Tavira wohnen sie im Hotelaria Netos. Sigurd wünscht sich nur noch Ruhe. Kaum hat er sich aufs Bett geworfen, fällt er in einen tiefen Schlaf. Er träumt wild: Bunte Glassteine rieseln durch ein Loch in der Decke auf ihn herab. Rodungsmaschinen fällen Bäume. Schlamm wird von den Kettenprofilen zu Mustern geformt und ihm ins Gesicht geschleudert. Er versteckt sich im Wald. Auf einer Lichtung mit einem kleinen Teich wird er mit Maiskörnern beschossen. Wasserpflanzen tauchen nur für wenige Sekunden auf, zart und fein wie eine Perlenkette. Auf einer Lichtung hängt weiße Wäsche auf einer Wäscheleine, die sacht im Wind hin und her weht.

Das Fenster seines Zimmers öffnet sich auf den Innenhof eines Autohändlers. Von dort aus beobachtete er das ruhige Treiben der Mechaniker und Verkäufer. Eine warme Brise weht durch das Zimmer und lässt die Vorhänge sanft im Wind flattern. Doch plötzlich durchströmt ihn eine unbehagliche Stimmung, die ihn völlig in Besitz nimmt. Ein Gefühl, das von den unsichtbaren Verfolgern bis zu der verfärbten Plastikfensterbank reicht. Die Geräusche von draußen verschwimmen zu einem unheilvollen Gemurmel, und er kann nicht anders, als sich vorzustellen, dass dunkle Gestalten im Schatten lauern, bereit, jeden Moment zuzuschlagen. Die Vertrautheit seines Zimmers fühlt sich plötzlich fremd an, und er wünscht sich nichts Sehnlicher, als diesem unheimlichen Gefühl zu entkommen.

Er trifft Karl in einem Café auf der Praça da República am Rio Gilão. Tavira wird im Reiseführer als Venedig der Algarve beschrieben, was ein Spaziergang über den lebhaften Jardim do Coreto und am Rio Giro entlang bestätigt, wie auch der darauffolgende Gang durch die schmalen Gassen der schönen Stadt. Der Gilão fließt träge vor sich hin, hat wegen der Ebbe erheblich an Wasser verloren. Gelegentlich springen Fische, wie von einem Katapult hochgeschleudert, aus dem Wasser. Ein leichter, warmer Wind weht. Der Himmel leuchtet tiefblau.

Karl schlägt vor, in das Zeca de Bica, dem ältesten Fischrestaurant der Stadt, zu Mittag zu essen. Das Restaurant liegt etwas abseits und ist nur wenigen Touristen bekannt. Das Lokal ist rustikal eingerichtet, das Fischgericht ausgezeichnet.

Einige Einheimische sitzen trinkend und schwadronierend am Nachbartisch und erzählen ihnen Geschichten. Der eine gab Konzerte in Deutschland, dazu trommelt er mit einer Bambusstange, die oben und unten mit einer Klammer zusammengehalten wird, einen wilden Rhythmus. Ein anderer erzählt, dass er Jura in Deutschland studiert hat und Rechtsanwalt ist. Letztlich sind sie aber nur Aufschneider und keine üblen Lügner. Natürlich gibt es unter ihnen auch bessere und schlechtere Menschen, so wie auch einige von ihnen witzig sind und andere nur ein Witz.

Santa Luzia ist ein kleines Fischerdorf in der Nähe von Tavira. Kein Wind weht, kein Mensch bewegt sich, nur die Krebse im Watt sind während der Ebbe rege unterwegs. Irgendwo proben Musiker ein Jazz-Stück und verbreiten dadurch eine heitere Stimmung, die sich über den ganzen Ort legt. Die hübschen, weiß getünchten Fischerhäuschen sind mit Fliesenmustern bedeckt. Restaurants, Bars und Cafés warten auf Besucher. Palmen stehen entlang des Hafenbeckens. Die bunten Fischerboote schaukeln sanft an ihren Liegeplätzen. In den Buchten ankern zwischen grün-schwarzen Schilfbinsen Segelboote. Die unregelmäßigen Ufer lösen sich in dem blaugrünen Wasser der Lagunen auf.

Der dunstige, einschläfernde Tag füllt sich mit feuchter Hitze. Die Flut von verschwommenem Licht beunruhigt ihn mehr, als dass sie ihn beruhigt. Der blaue Himmel wird hier und da von Wolken zerfetzt, die noch dunkler sind als die Farbe des Himmels. Er sitzt am Kai des Hafenbeckens auf einem weißen Plastikstuhl und wartet auf Karl. Er blickt auf die modrige Lagunenlandschaft des Naturparks da Ria Formosa und die dahinterliegenden Sanddünen der Ilha de Tavira und wird sich bewusst, wie sehr diese portugiesische Landschaft ihn in eine melancholische Stimmung versetzt.

Sigurd macht sich in der kühlen Morgendämmerung auf den Weg nach Santo Estêvão, die Hände in den Hosentaschen. Langsam wandert er drauflos, als hätte er kein Ziel vor sich. Er staunt über die Leere in seinem Kopf. Aber er kennt den Weg, den er gehen muss. Es geht bergauf. Am Ende der Straße kommt er an eine Kreuzung, wo die Autos kurz abbremsen. Hier folgt er einem schmalen Pfad, der zu einer Kläranlage führt und links zu einem Schuppen. Er folgt dem linken Pfad zwischen Farnen und Brennnesseln. Aufgeschreckte Vögel warnen piepend vor dem Eindringling. Der Weg führt ihn weiter bergauf bis zu einem kleinen Dorf. Neugierig wechselt er die Straßenseite, um sich über der Tür eines Hauses eine nicht mehr lesbare Inschrift und ein blaues Blechschild mit Bierwerbung anzuschauen.

Auf dem Dorfplatz sitzt er auf einer Bank unter dem Glockenturm einer Kirche. Später geht er durch eine Zypressenallee bis zu Tesches Grundstück. Er probiert ein paar Oliven, schält sich eine Orange und schöpft Wasser aus einem Brunnen, bevor er durch das naturbelassene Gelände streift, das von einem Meer aus weißgelben-rosa Zistrosen und lila Lavendel, einem Dschungel aus Sauerklee, Brennnesseln, Brombeeren und Farnkraut bewachsen ist. Vor den Trockenmauern aus grobem Feldgestein leuchten farbenfrohe Oleander, Hibiskus und Bougainvillea-Sträucher. Er pflückt eine dunkle Schote von einem Johannisbrotbaum.

Auf dem Nachbargrundstück weiden Schafe. Katzen durchstreifen das Gelände. Als sie ihn sehen, ducken sie sich tief weg. In dem steinernen Schuppen, der fast so hoch wie ein Turm ist, riecht es muffig. An einigen Stellen hat sich Schimmel gebildet. Sigurd wird bewusst, dass er hier trotz aller Schönheit der Natur nicht leben könnte.

Ein makaberer Gedanke schleicht sich in sein Bewusstsein: Er sieht sich an einem Holzträger im düsteren Schuppen hängen, die Füße knapp über dem Boden baumelnd. Es wäre nicht allzu schwierig, denkt er bei sich, während er die düstere Vorstellung nicht mehr aus seinem Kopf verbannen kann. Bald darauf schwingt er sich über eine eingestürzte Mauer und läuft mit festem Schritt über den Kiesweg eines Friedhofs zwischen den Gräbern entlang, bevor er hinter einer kleinen Kapelle stehen bleibt, um sich den brüchigen Marmor eines Grabmonumentes anzuschauen. Er hat mittlerweile seine Jacke über die Schulter geworfen. Seine Finger wandern suchend in die Innentasche und stoßen auf eine kleine bunte Blechschachtel. Mit geübter Routine entnimmt er ihr eine Tablette. An dichtem Gestrüpp vorbei wandert er auf einem ihm endlos erscheinenden Pfad zurück ins Tal.

Der Strand von Praia da Ilha de Tavira befindet sich am östlichen Ende der etwa 14 Kilometer langen Ilha de Tavira. Es gibt einige hübsche Strandhäuser in einem Pinienwäldchen. Es ist heiß, trotz des Windes. Der Atlantik treibt Welle um Welle an den weiten

Strand. Das zurückfließende Meerwasser versickert im feuchten Ufersand.

Sigurd stapft durch den Sand des Eilands bis zum Meer und krempelt seine Jeans hoch. Es ist ihm ein Vergnügen, bis zu den Knien im Wasser zu stehen. Die Wellen schwappen regelmäßig bis zu seiner Hose hoch. Das Meerwasser, das um seine Füße und Waden strömt, ist kalt, der Rücksog so stark, dass er beinahe den Stand verliert. Er wirft ein Stück Holz weit hinaus aufs Meer und beobachtet, wie die Gischt das Holzstück wieder ans Ufer schwemmt, wo es sanft auf Kieselsteinen und zerbrochenen Muscheln hin und her schwappt. Am Horizont ist ein Containerschiff zu sehen, das sich wie in Zeitlupe nach Osten bewegt. Ein rotes Wasserflugzeug fliegt im Tiefflug vorbei und die ganze leere Küste entlang, bevor es in der Ferne verschwindet. Manchmal werfen Wolken Schatten auf das auslaufende Wasser. Von den Restaurants weht Musik bis zum Strand.

Die Freunde verbringen einen langen Nachmittag voller Leichtigkeit, genießen den warmen Wind, das prächtige Sommerwetter und die Natur der Dünenlandschaft. Später kicken sie mit einem Ball, halten ihn in der Luft, passen sich den Ball zu, dribbeln und lassen sich lachend vor Glück in den warmen Sand fallen. Im rustikalen Strandrestaurant essen sie eine Kleinigkeit. Sigurd war lange nicht mehr so mit sich im Reinen wie auf dieser Insel.

Sigurd telefoniert mit Robert Taylor, der sich nach der Operation wieder besser fühlt. Seine tiefe Stimme klingt zwar immer noch etwas schwach, aber entschlossen. Sigurd spürt die Sorge in Roberts Worten, nachdem er von dem Überfall in Bodegraven und den merkwürdigen Telefonaten berichtet hat. „Eindeutig, die Russenmafia ist noch immer hinter dir her“, mahnt Robert mit Nachdruck. „Sei vorsichtig, mein Freund. Was meinst du? Wollen wir erst einmal weitermachen, wie besprochen? Sigurd lässt sich von der Unruhe seines Freundes nicht aus der Ruhe bringen. „Keine Sorge, Robert“, antwortet er gelassen. „Ich werde vorsichtig sein und Portugal bietet ausreichend Schutz, um mich zu verstecken. Ich werde dich benachrichtigen, sobald sich etwas Neues ergibt.“ Roberts Stimme klingt ernst, als er sagt: „Das Projekt in den USA sollten wir nur beenden, wenn es unausweichlich ist. Und du musst sicher sein, dass deine Verfolger dich aus den Augen verloren haben.“ Sigurd nickt, obwohl Robert ihn nicht sehen kann. Die Worte seines Freundes hallen nach, als er das Gespräch mit einem sanften Antippen auf das rote Telefonsymbol beendet.

Die Gischt des Atlantiks ist nicht so laut, dass die Freunde während des Strandspaziergangs nicht miteinander sprechen könnten. Aber sie gehen schweigend am Ufer entlang und beobachten die Wellenkämme mit ihrem kräuselnden grauen Schaum. Dahinter wird das Meer zunächst dunkelblau, dann schwarz. Manchmal prallt die Brandung auf den Strand, meistens aber plätschert sie gleichmäßig ans Ufer. Möwen landen elegant am Strand oder segeln wagemutig über die Wellen. Delfine springen und gleiten verspielt durch das glitzernde Meer. Ihre eleganten Bewegungen fesseln Sigurds Aufmerksamkeit und entlockten ihm ein bewunderndes Lächeln. Doch selbst in diesem idyllischen Moment drängen sich dunkle Gedanken an die Russen-Mafia in sein Bewusstsein und hängen wie ein drohender Schatten über seinem Seelenfrieden. Die Anmut der Delfine bleibt ein flüchtiger Augenblick der Ablenkung, ein kurzer Moment der Ruhe inmitten des Sturms, der in seinem Innern tobt.

Wie alle anderen auch haben sie Muscheln, Holzstücke und Steine gesammelt, die sie beim Verlassen des Strandes zurücklassen. Nach einer kurzen Rast am Praia do Barril wandern sie entlang der

Gleise einer Schmalspurbahn bis nach Pedras d'el Rei. Dabei durchqueren sie den Parque Natural da Ria Formosa, ein einzigartiges Lagunensystem, das durch Wind, Strömungen und Gezeiten einem ständigen Wandel unterliegt.

Karl drückt das Gaspedal durch. Bis Lissabon sind es noch 130 Kilometer. Er sagt plötzlich: „Weshalb schaust du dich ständig um? Lass das mal, das macht mich nervös."

Sigurd antwortet gereizt: „Mach' ich das? Ist mir noch gar nicht aufgefallen."

Bald darauf beginnen die ersten Industrieansiedlungen. Verfallene Gebäude spiegeln sich in den glänzenden Fassaden der Bürotürme. Die Peripherie Lissabons ist ein riesiger Moloch. Hochhäuser wurden wie Dominosteine in die Landschaft gesetzt. Die Stadtplaner haben die Betonburgen bunt anstreichen lassen, um sie attraktiver zu machen. Dadurch können die Bewohner die Farbenpracht ihres Landes zumindest noch erahnen. Für die Menschen in diesen Gettos ist Lissabon nur noch eine Illusion am Horizont.

Nachdem sie die Brücke Ponte 25 de Abril überquert haben, eine zwei Kilometer lange und im Stil der Golden Gate Bridge gehaltene Hängebrücke, erreichen sie das Stadtzentrum.

Sie buchen eine preiswerte Pension in der Rua Cavaleiros, die von Drogenabhängigen, Alkoholikern und Prostituierten genutzt wird. Viele Afrikaner haben sich in diesem Teil der Stadt niedergelassen und kleine Geschäfte aufgemacht. In der Rua Cavaleiros leben viele Menschen, die ihr seelisches und körperliches Leid nicht mehr verstecken können. Einige blicken dumpf vor sich hin, stehen regungslos an immer derselben Stelle und murmeln vor sich hin. Eine schwarz gekleidete Frau bettelt um etwas Geld, während ein junger Mann T-Shirts direkt aus einer Plastiktüte verkauft. Ein paar Meter weiter bietet jemand Regenschirme an. Neben ihm sitzt ein Akkordeonspieler, der seine große Liebe besingt.

Sigurd schaut sich in seinem Hotelzimmer im dritten Stock um. Er mag nicht, was er sieht und riecht. Fliegen umkreisen ihn, der Geruch von scharfen Reinigungsmitteln ekelt ihn und das schäbige Interieur stößt ihn ab. Die fünf Sicherheitsriegel vor der Tür geben ihm keine Sicherheit, sondern machen ihm Angst.

Er blickt aus dem kleinen Fenster seines Hinterhofzimmers auf eine rostige Feuertreppe, Wäsche und überquellende Mülltonnen. Ihn stört nicht nur der Lärm der Straße, sondern auch das Gemurmel und Geschrei aus den Nachbarzimmern. Mit jeder Stunde wächst sein Unbehagen. Der Gedanke, dass diese schäbige Pension der ideale Ort für die Russenmafia ist, um ihn zu entführen, quält ihn zunehmend.

Sigurd wird um fünf Uhr morgens von seinem Nachbarn geweckt, der sein Bad geräuschvoll und ausgiebig benutzt. Sein Blick fällt auf einen unter der Hoteltür durchgeschobenen Zettel. Die kleinen, krakeligen Buchstaben verschwimmen im kühlen Licht der Morgendämmerung.

Sigurd liest: morte a traidores!!!

Er schlägt in seinem Sprachführer nach: Tod für Verräter!!!

Aufgewühlt säubert er eine verstaubte Vase auf dem Schreibpult mit fahrigen Bewegungen, bevor er sich gedankenlos eine Zigarette ansteckt und wegpafft. Als er bemerkt, dass Asche auf das Bett fällt, spürt er, dass er besessen ist von der namenlosen Angst, in den Abgrund gestoßen zu werden. Er zerknüllt den Zettel und wirft ihn aus dem Fenster.

Lange, geradlinige Straßen führen über schmale Gassen mit quadratischen Blöcken aus gleichförmigen Häusern bis nach Baixa de Lisboa. Das Viertel liegt nördlich des Praça do Comércio, zwischen dem Verkehrsknotenpunkt Cais do Sodré und dem Stadtteil Alfama. An Allerheiligen 1755 kam es zu einem Erdbeben, das die Unterstadt fast vollständig zerstörte. Die Katastrophe führte zu einer städtebaulichen Neuordnung, die sich als Glücksfall für Lissabon erweisen sollte, da durch den Wiederaufbau das moderne Lissabon mit seinen breiten Avenidas entstand. Die Rua do Arsenal und die Rua da Alfândega führen bis zu den Kais. Der Praça do Comércio ist ein prachtvolles Viereck, das nach drei Seiten von Gebäuden mit Arkaden eingesäumt ist und zum Flanieren einlädt. Die vierte Seite des Platzes wird durch den Tejo begrenzt.

Karl ist schlecht gelaunt. Baixa de Lisboas ist voller Autos und Menschen. Sie schlendern wortlos an den vielen Geschäften vorbei und scheuchen die aufdringlichen Haschischdealer weg. Am Praça da Figueira finden sie endlich einen Zeitschriftenladen mit deutschen Zeitungen.

Abends genießen sie die Stille der Unterstadt. Sie genießen sie umso mehr, da der Lärm des Tages verschwunden ist. Im Westen ist der Himmel bläulich, grün und hellgrau. Über den Hügeln des anderen Tejo-Ufers zieht Nebel auf. Das Sonnenlicht verfärbt sich zunehmend, bevor die Farben endgültig verblassen und der Mond am Himmel leuchtet. In der Stadt herrscht Dunkelheit. Lissabon wird jetzt von Straßenlampen und Fenstern beleuchtet. Die Häuser mit ihren verschiedenen Farben sind jetzt kaum noch voneinander zu unterscheiden.

Alfama ist ein Labyrinth aus engen Straßen, die von der Mündung des Tejo bis hinauf zum Burghügel reichen. Das Viertel lag im 13. Jahrhundert außerhalb der Stadtmauern. Hier lebten die ärmsten Einwohner der Stadt. Obwohl Lissabon sich später ausbreitete und Alfama von Seeleuten und Dockarbeitern bewohnt wurde, blieb die Gegend ein Armenviertel.

Steintreppen führen durch Häuserschluchten, an maroden pastellfarbenen Fassaden vorbei. Zwischen den von der Meeresluft angegriffenen Häusern hängen Wäschestücke auf Wäscheleinen. Sie gehen durch einen Innenhof. Von dem Hof führen bunte Türen zu den Wohnungen. Kanarienvögel zwitschern in ihren Käfigen. Kinder bolzen mit einem verschlissenen Ball. Schuhmacher, Friseure, Bildeinrahmer oder Uhrmacher verkaufen ihre Waren und Leistungen in kleinen Läden, die nachts mit Stahlgittern gesichert werden. Bäckereien bieten für kleines Geld leckeres Gebäck an.

Nachdem sie einige Stunden über Kopfsteinpflaster durch ein Gewirr von Häusern und Gassen gelaufen sind, gelangen sie zum Miradouro de Santa Luzia. Der Miradouro ist ein beliebter Aussichtspunkt, der selbst als Sehenswürdigkeit angesehen wird.

Von dort oben aus haben Sie einen weiten Blick auf die schier endlose Mündung des Tejo und die Dachlandschaft von Alfama und Almada. Die Fassade der Kirche von Santa Luzia ist mit Kacheln verziert, die die Geschichte Lissabons vor dem großen Erdbeben im 18. Jahrhundert darstellen.

Als die Sonne hoch über dem Atlantik in ihrem Zenit steht, kommt der Verkehr zum Erliegen und Lissabon verwandelt sich für zwei Stunden in eine beschauliche Stadt.

Die Metropole atmet in der Mittagszeit tief durch. Bauarbeiter dösen im Schatten. Auf den Gehwegen qualmen Grills und die Restaurants füllen sich. Die Esstische werden zu langen Reihen zusammengeschoben, an denen die Angestellten und Arbeiter zu Mittag essen. Das portugiesische Nationalgericht Bacalhau, ein Stockfisch, wird von vielen als Delikatesse geschätzt. In den Parks schwatzen Jugendliche im Schatten der Bäume, Mütter füttern ihre Babys, Großmütter beaufsichtigen ihre Enkelkinder.

Als sich der sonnige Tag in die Dämmerung verabschiedet, suchen sie ein Bistro auf, das wie ein Gasthof auf dem Land aussieht. Die billigen Gerichte und Getränke locken die seltsamsten Leute an.

Dunkle Wolken kündigen plötzlich Regen an. Ein heftiger Gewitterschlag erschüttert den vergehenden Sommertag. Feuchte Luft dringt durch das Bistro. Die Gäste genießen diesen Moment der Frische. Mit Wucht trifft der Regen auf den Asphalt. Sigurd und Karl sitzen schweigend nebeneinander, eine scheinbar unüberwindbare Mauer verhindert ein Gespräch. Sigurd spürt sein klopfendes Herz. Er ist von den Besuchern fasziniert und spürt fast schmerzhaft den Unterschied zwischen Portugiesen und Deutschen. Die Deutschen kommen ihm vor wie Maschinenmenschen, fast immer beherrscht und dazu noch freudlos, neidvoll, genormt und leicht zu manipulieren.

Der Wirt lächelt wissend, als der nächste Donnerschlag die Gäste zusammenzucken lässt, obwohl er schon aus größerer Ferne kommt. Der Regen bringt die Kanalgullys bereits nach kurzer Zeit zum Überlaufen. Vor der Taverne bremst ein Transporter scharf ab. Die Besucher mustern den Fahrer vorwurfsvoll.

Ein etwa vierzigjähriger Mann erregt Karls Aufmerksamkeit.

„Der Typ da drüben beobachtet uns unablässig. Ich geh' mal rüber und frage ihn, was das soll."

Sigurd hält ihn zurück, doch auch er betrachtet jetzt genauer diesen abgemagerten Mann, dessen Gesicht zu einer Leidensmiene erstarrt ist. Während er Sigurd und Karl weiter unverhohlen anstarrt, als wolle er sich ihre Gesichter für immer einprägen, trinkt er zu viele Medronhos und raucht zu viele der billigen Zigaretten.

„Irgendetwas scheint mit dem Kerl nicht zu stimmen", flüstert Sigurd, während er an seinem Bier nippt.

Sie sind sich einig, dass das Gesicht des Mannes von Schwermut und Resignation gezeichnet ist. Schließlich verlässt er staksend das Lokal. Auch Sigurd und Karl winken die Bedienung herbei.

Plötzlich strömen die Gäste der Taverne auf die Straße. Zwei Männer prügeln aufeinander ein. Einer der Schläger ist der geheimnisvolle Mann, der sie zuvor in der Bar beobachtet hat. Ein Messer blitzt auf. Der Mann aus dem Bistro stürzt und fällt auf das Kopfsteinpflaster. Blut fließt aus einer Bauchwunde und färbt sein Hemd rot. Sigurd berührt zaghaft seine Schulter. Der Mann flüstert etwas. Seine Stimme klingt matt und zögerlich, wie die eines Menschen, der nicht mehr viel von seinem Leben zu erwarten hat.

Sigurd wendet sich an einen Mann, der neben ihm hockt, und fragt auf Englisch: „What did he say?“

Doch er erhält keine Antwort.

Sigurd fragt erneut, jetzt energischer: „What did he say now?“

Der Mann starrt ihn böse an und antwortet in akzentfreiem Deutsch: „Sie sind doch Deutscher. Warum sprechen Sie nicht Deutsch mit mir?“ Dann deutet er auf den verletzt am Boden liegenden Mann und sagt, dass er „fliehen sie. Sie sind in Gefahr“ verstanden hat. In der Ferne ertönt das Geräusch einer herannahenden Sirene eines Rettungswagens. Wenig später hält das Fahrzeug vor der Taverne und zwei Sanitäter springen heraus.

Sigurd kann die vermeintliche Aufforderung, zu fliehen, und die bedrohliche Warnung, dass jemand in Gefahr ist, nicht aus seinem Kopf verbannen. Ein dunkler Schleier aus Sorge und Unruhe umhüllt seine Seele, während er sich fragt, ob der mysteriöse Mann tatsächlich ihn gemeint hat. Die drängende Notwendigkeit, die Wahrheit hinter den mysteriösen Worten aufzuklären, versetzt ihn in nicht geringe Aufregung.

Frische Luft strömt in sein Hotelzimmer. Der leichte Regen plätschert weiterhin auf die Erde. Seit gestern der erste Regen niederging, ist in der Luft eine friedvolle Stille. Menschen springen lachend über Pfützen. Die Straßengeräusche sind zwar noch dieselben wie gestern, aber sie sind dennoch anders.

Sigurd betrachtet den Himmel mit Aufmerksamkeit, anders als an anderen Tagen, an denen er nicht einmal hochschaute. Die Wolken beschäftigen ihn so sehr, als ob das Beobachten des Firmaments eine der großen Herausforderungen seines Lebens geworden ist. Die Wolken ziehen vom Hafen zur Burg, von Westen nach Osten, in zerstreuten, wilden Wirbeln hin und her. Sie sind manchmal halbschwarz, bis der Wind sie wegfegt. Doch am Abend versinken auch die schwärzesten Wolken im Licht der untergehenden Sonne. Erstaunlich, wie das rot-weiß-blau des Himmels plötzlich die Dunkelheit aufhebt.

Das Stadtviertel Graça erwacht im leichten Nebel des Sommermorgens. Sigurd steht am Fenster seines kleinen Zimmers und starrt hinaus auf die stillen Straßen, die langsam zum Leben erwachen. Grübelnd denkt er mehr an sein vergangenes Leben als an sein zukünftiges Leben. Besonders schmerzhaft ist für ihn die Erkenntnis, dass er sich selbst belogen und betrogen hat. Immer wieder hat er seinen Datendiebstahl und den Bitcoin-Betrug bagatellisiert, als wären es nur kleine Vergehen, die keine Konsequenzen nach sich ziehen würden. Der Straßenlärm macht sich wie auf ein Kommando bemerkbar. Die Luft ist trocken, aber dennoch trüb, mit einem blassen Morgenlicht.

Sigurd verlässt die Pension und ist glücklich, als die Jalousien des Supermarkts hochgezogen werden und das Klingeln der ersten Straßenbahn den Tag ankündigt. Viele Passanten haben es jetzt eilig. Die Bankangestellten haben es eilig, die Büroangestellten haben es eilig, die Touristen haben es eilig, die Verkäuferinnen haben es eilig. Der Fischhändler hat es eilig, der Bäcker hat es eilig, die Polizei hat es eilig.

Die Verkaufsstände auf der Praça da Figueira sind aufgebaut und füllen sich schnell mit Käufern. Ein Glockenturm schlägt siebenmal. Sigurd geht durch ein Portal zum Hotel zurück, doch er zögert, obwohl er weiß, dass Karl dort wartet.

In der Mittagszeit ist es möglich, auch in der Rua Cavaleiros einen entspannten Mittagsschlaf zu halten. Lissabon erhellt seine Seele in diesen Momenten. Für eine kurze Zeit fühlt er sich wie in einer ruhigen Kleinstadt in der Provinz.

Inmitten der Armseligkeit der Rua Cavaleiros sieht er sich in der Mittagsruhe in seinem früheren Leben auf einem Sofa liegen. Er muss schlucken und seine Tränen unterdrücken, als er sich an das unbeschwerte, glückliche und langweilige Leben in Deutschland erinnert und an die Monotonie, die ihn nicht selten beinahe wahnsinnig machte.

Sie wechseln die Unterkunft. Ihr neues Quartier ist die Pensao Residencial Ninho das Aguias in der Costa do Castelo. Die Räume sind klein, aber hell und freundlich eingerichtet. Die Lage unterhalb der Burg ist ideal. Sigurd blickt aus dem Zimmer auf den Miradouro da Graça. Die Klosterkirche Igreja e Convento da Graça erhebt sich majestätisch in den Himmel. Die Pension ist ein charmantes Gästehaus, das weder Luxus noch modernen Schnickschnack bietet. Es herrscht ein leises Kommen und Gehen, das von gedämpftem Flüstern begleitet wird. Junge Pärchen huschen in ihre Zimmer.

Vom Castelo de São Jorge dringt leise Saxophonmusik herüber, die sich wie ein sanfter Hauch durch die Morgenluft von Lissabon schlängelt. Selbst die Polizeisirenen, die aus der Ferne erklingen, fügen sich harmonisch in die saxophonische Symphonie ein. Sigurd steht am Fenster seines Zimmers und lauscht gebannt diesen melodiösen Klängen, die ihm eine seltsame Ruhe und zugleich eine unbestimmte Sehnsucht verleihen. Es ist, als würde die Stadt selbst ihm eine geheimnisvolle Melodie vorspielen, die seine Seele berührt und ihn tief in seinen Gedanken versinken lässt. Was ist es nur, das ihn so zutiefst bewegt? Ist es die Magie Lissabons, die ihn mit ihrer unvergleichlichen Atmosphäre berührt? Oder ist es die Flucht vor den Schatten seines bisherigen Lebens? Oder die ferne Erinnerung an Deutschland, die in ihm eine Sehnsucht weckt, die er lange verdrängt hat?

Sigurd spürt, wie sich seine Energie noch einmal in ungeahnte Höhen aufschwingt. Er ahnt: nach diesem Hinaufschwingen werden die Träume der Jugend, die Kraft der Lebensmitte, die Sexualität und das freie Wollen des Willens verschwunden sein. Er schließt die Augen. Das warme, ruhige und behagliche Zimmer inspiriert Sigurd zu einer der bekanntesten Meditationsübungen.

Nie mehr Karl und nie wieder Portugal. Nein! Ja! Sigurd ist sich bewusst, dass er alles hinter sich lassen muss, um zu überleben. Die Russenmafia hat ihn immer noch im Visier. Das bedeutet: kein Flanieren mehr in Rom, kein Flair von Neapel. Nie mehr die Sonne Siziliens oder die Strände Sardiniens. Kein Spazieren mehr durch die Straßen von Paris, keine Wanderungen entlang des alten Hafens von Marseille. Nie wieder rudern auf den Flüssen und Seen von Berlin. Die Tage bei Complan GmbH gehören der Vergangenheit an. Kein Erkunden mehr der charmanten Gassen von Prag oder Budapest. Niemals mehr die pulsierende Energie von London, nie wieder die Inspiration von Liverpool. Keine Erkundungstouren mehr auf Kreta, keine Abenteuer in den Höhlen von Matala, keine Wanderungen durch die majestätische Imbros Schlucht. Keine

Besuche mehr des Basars in Istanbul. Das alles ist bald Vergangenheit, unwiderruflich und für immer.

Sigurd dämmert vor sich hin, bis der Wecker klingelt. Karl bereitet ihm einen Espresso zu. Sigurd ist überwältigt von dieser kleinen Geste. Er nimmt Karl traurig in den Arm. Er weint. Karl schaut irritiert.

„Was ist mit dir?“

Sigurd schüttelt den Kopf. Sie verabschieden sich ohne weitere große Emotionen am Flughafen Lissabon.

„Bis bald in Hamburg“, ruft Karl und verschwindet im Abflugterminal.

Sigurd geht mit schweren Schritten zum Check-in-Schalter für seinen Flug nach Teneriffa. Er bringt den Personencheck hinter sich und eilt zum Abflugterminal. Die Maschine ist verspätet. Obwohl er nicht mehr rauchen wollte, zündet er sich bereits früh am Morgen eine Zigarette an.

Es folgt das übliche: Einsteigen. Zeitungen. Handgepäck. Sitzplatz. Anschnallen. Abflug. Langeweile. Die Langeweile ist jedoch vorbei, als der Kapitän des Airbus mitteilt, dass sie heute eine Landung mit einem Autopiloten durchführen werden. Sigurds Aufregung ist unbegründet. Die Computersysteme des Airbus A330 arbeiten einwandfrei und legen eine perfekte Landung hin. Kurz nach neun Uhr wird er durch das Bremsmanöver und der Schubumkehr der Maschine in seinen Sitz gedrückt.

14. Charlotte

Sigurds Bungalow befindet sich in der Ferienanlage Riu Parque Christobal in einer ruhigen Grünanlage. Er döst ein wenig im Schatten der Palmen. Charlottes Gesicht steigt ihm aus weiter

Ferne auf. Schritte knirschen auf dem Kies. Sigurd schreckt auf, Charlotte. Er springt auf. Sie küssen sich immer wieder, streicheln sich, halten sich in den Armen. Charlotte ist eine hochgewachsene Frau mit seidigem dunklem Haar und glänzender reiner Haut. Schmerzlich wird ihm bewusst, wie sehr er sie vermisst hat, wie sehr er sie bald für immer vermissen wird.

„Lass mich nie wieder so lange allein", flüstert sie.

Sigurd mustert sie unverwandt. Sie lächelt sanft. Seine Freundin erscheint ihm mit ihren unschuldigen Augen wie in dunklen Samt gehüllt, wie ein lebendiger Hauch der Sünde. Sie übt eine magische Faszination auf ihn aus. Hastig wendet er sich von ihr ab, aus Schamgefühl und innerer Unruhe. Aber da steht sie schon mit forderndem Blick vor ihm, nimmt seine Hand und haucht: „Kommst du?"

Im Schlafraum des Bungalows schwingen die Jalousien sacht hin und her. Durch die halb offenen Fenster weht der Duft des Sommers in den kargen Raum. Sigurd hat Schwierigkeiten, sich auf ihr feines Gesicht zu konzentrieren. Ihr nackter Körper wirkt wie eine Skulptur. Er starrt sie wortlos an, wie ein ertappter Dieb. Sein Körper ist starr, sein Geist ist starr. Charlotte blickt ihn missbilligend an, eine scharfe, senkrechte Falte auf ihrer Stirn zeigt ihren Ärger über seine Trägheit. Sie schaut an ihm vorbei auf den grünen Hintergarten, in dem ein paar bunte Plastikstühle stehen, fragt: „Möchtest du dich lieber in den Garten setzen?"

In dieser Sekunde, in der ihre Frage nachhallt, ergreifen die berauschenden und triebhaften Gefühle der Liebe Besitz von ihm. Als er sich zu ihr legt, blitzen ihre braunen Augen auf und ihre Zunge schiebt sich kurz heraus. In diesem intimen Moment scheinen ihre Seelen miteinander zu verschmelzen.

In Playa de la Américas suchen sie nach einem Strand mit wenigen Besuchern, entscheiden sich für den Playa de Fañabé an der Costa

Adeje. Sie gehen durch eines der zahlreichen Hotels, durchqueren einen der Bucht vorgelagerten Gebäudekomplex, der von einer deprimierenden breiten Betonpromenade dominiert wird. Auf der unteren Ebene wurden Garagen errichtet, während auf der oberen Ebene Geschäfte und Restaurants untergebracht sind.

Sigurd und Charlotte verdrängen ihren aufkommenden Fluchtreflex und inspizieren den Strand. Strandbesucher aus den verschiedensten europäischen Ländern sind hier zu finden. Vor allem Engländer und Deutsche, aber auch viele Einheimische, die Tinerfeños, nutzen den Tag, um zu entspannen.

Bald liegen auch sie unter einem strohgedeckten Sonnenschirm, der fest angepflockt ist. Die Hitze ist erträglich. Charlotte geht sofort zum Wasser. Viele Augen folgen der eleganten Frau auf dem Weg ins Meer. Sie schwimmt weit hinaus, bis zu den Begrenzungen des Schwimmbereichs. Die Brandung schwappt schlapp an das Ufer, wo sie sich verkräuselt und Blasen von Schaum hinterlässt. Der Strandtag vergeht zäh. Sie sitzen und stehen, sie stehen und sitzen, sie schauen nach links und rechts, sie sind gelangweilt.

Auf der TF-1 fahren sie nach Santa Cruz, der Hauptstadt von Teneriffa. Charlotte möchte durch den Parque Garcia Sanabria bummeln. Die Anordnung der Wege ist das auffälligste Merkmal des Parks. Ein Weg verläuft senkrecht, zwei Wege diagonal. Eine weitere Wegführung überrascht durch ihre spiralförmige Anordnung. Die Wege sind mit Blumenbeeten gesäumt. Zudem besticht der Park durch seine üppigen Laubbäume und Palmen. Auch ein Rosengarten und ein Kakteengarten sind hübsch anzusehen.

Sie sitzen auf einer Bank in einem Arkadengang. Charlotte sagt übergangslos und mit hochgezogenen Augenbrauen: „Ich habe dich sehr vermisst."

„Ich dich auch", raunt Sigurd.

Er sagt es, wie jemand, der ein Vergehen gesteht. Sie schauen auf einen Teich, auf dem die Lotusblumen wie Diamanten funkeln. Sigurd fühlt sich durch die grelle Sonne wie paralysiert. Möwen stolzieren am Ufer des Teichs entlang. Charlotte reicht ihm ihre Wasserflasche. Sie schlendern zu einem Springbrunnen und hocken sich ins Gras, wie andere Paare auch.

Ohne die davorstehende Skulptur La Fecundidad wäre das Monumento a García Sanabria nichts weiter als eine traurige Betonkonstruktion, darüber sind sie sich einig. Sie lassen den nach Jasmin duftenden Park hinter sich, die Papyruspflanzen, die hohen schmiedeeisernen Gitter, die Bänke auf den geharkten Wegen.

Sigurd wünscht sich mit einem Mal, in einem dichten Wald zu stehen, den Moosduft und den Geruch der Nadelbäume zu riechen, durch das Laub zu laufen und nach Pilzen zu suchen.

Sigurd steuert das Auto bis in die Wolkenwelt des Anaga-Gebirges hinein. Sie haben den Bosque de la Mercedes, den Mercedeswald, erreicht. Der Mercedeswald ist ein hochgelegenes Biotop, das mit riesigen, teilweise dreißig Meter hohen Lorbeerbäumen bewachsen ist. Wenige Kilometer westlich des Aussichtspunktes Mirador Cruz del Carmen zweigt eine kleine Straße in nördliche Richtung nach Batan de Abajo ab. Zu Beginn locken weite Ausblicke mit dem Panorama der Hochebene von La Laguna, dem Esperanzawald und dem Teide-Vulkan.

Von einer Höhe haben sie einen spektakulären Blick auf ein Naturschauspiel: Hochwabernde Wolkenwände tauchen die Felsen in einen dichten Nebel, um sie kurz darauf wieder freizugeben. Die klimatischen Voraussetzungen des Mercedeswaldes sind die Passatwolken, die in etwa 1.000 Metern Höhe auf das Teno-Gebirge und das Anaga-Gebirge treffen. Dort kondensiert die Feuchtigkeit zu Regen und Nebel, und schafft so zusammen mit der Sonnenwärme die Grundlage für die Existenz der Lorbeerwälder auf Teneriffa.

Durch die wilde Natur und die bizarren Wolkenspiele fühlen sie sich wie in einem verzauberten Traumland. Sie wandern an mystisch verwobenen Ästen vorbei, die sich zu Tunneln verwachsen haben, bahnen sich ihren Weg durch die dichte Flora der Farne, Lorbeersträucher, Ginster und Erika. Immer wieder bleiben sie stehen und bewundern Blumen wie den gelben Enzian oder die Glockenblumen. Sie sind sich einig, dass der Mercedeswald tatsächlich einem Märchenwald ähnelt. Es scheint, dass die Natur in diesem verzauberten Wald eine eigene Sprache spricht, die nur diejenigen verstehen können, die bereit sind, sich den Geheimnissen und Wundern des Waldes hinzugeben.

Sigurd und Charlotte unternehmen einen Ausflug zum Pico del Teide, dem höchsten Berg Spaniens. Die 18 Kilometer bis Vilaflor führen zunächst durch eine karge Wüstenlandschaft, dann durch fruchtbare Täler und dichte Wälder, grün und satt bewachsen. Die Vegetation ändert sich allmählich und sie erreichen die imposante Kraterlandschaft des Vulkans. Die gewaltigen Lavamassen mit ihren Farbschattierungen von Grün, Blau, Rot bis Schwarz machen sie sprachlos. Sie stehen vor einem mehrere Hektar großen Lavafeld, das sich bis auf zehn Meter Höhe aufgetürmt hat. Sie blicken fasziniert auf diese Wand aus Lava, können die unbezähmbare Kraft eines Lavastroms nur erahnen.

Der Pico del Teide ist ein Vulkan, der zu den höchsten Inselvulkanen der Welt gehört. Die gesamte Region um den ursprünglichen Vulkankegel wurde zum Nationalpark und zum UNESCO-Weltkulturerbe erklärt. Der Nationalpark ist mit einem verzweigten und gut beschilderten Wanderwegenetz mit unterschiedlichen Schwierigkeitsgraden ausgestattet.

Der Mirador, dreihundert Meter von der Straße entfernt, verspricht einen einzigartigen Blick auf den Teide und über die Insel.

Ein schmaler Pfad schlängelt sich durch das dichte Gestrüpp, hin zum Aussichtspunkt. Charlotte kehrt umhüllt von goldenem Sonnenlicht noch einmal zum Auto zurück, während Sigurd geduldig auf sie wartet. In der Stille der Natur, die nur vom leisen Rascheln des Windes durchbrochen wird, ergreift Sigurd plötzlich die gestaltlose Angst vor der Russenmafia. Doch er zwingt sich, diesen düsteren Gedanken beiseitezuschieben und sich auf die Gegenwart zu konzentrieren.

Charlotte trägt nun eine hellblaue Sommerhose und eine blaue Bluse, dazu hat sie sich weiße Sportschuhe angezogen. Ihr brünettes Haar wippt beim Gehen hin und her. Bald geht sie vorneweg, duckt sich unter den Ästen hindurch oder schiebt sie zur Seite. Jählings müssen sie über mehrere Lavasteine klettern. Charlotte macht die Wanderung Freude, er sieht es an ihrem flotten Gang. Ein Mäusebussard schwebt elegant über sie hinweg. Die Luft riecht nach frischen Gräsern und blühenden Pflanzen. Charlotte ist inzwischen weit vor ihm, sodass er sie aus den Augen verloren hat. Aber dann wartet sie doch auf ihn, da sich verschiedene Wege gabeln. Er ist gespannt, welchen Weg sie einschlagen wird.

„Wohin jetzt?“, fragt sie lachend.

Er blickt skeptisch nach rechts. Der Weg wird schmaler. Das Dickicht undurchdringlicher, was die Orientierung im Gelände erschwert. Sie müssen nicht nur auf niedrig hängende Äste achten, sondern auch auf abgebrochene Äste auf dem Boden, um nicht zu stürzen. Manchmal stoßen sie sich gegenseitig an: „Schau mal hier“, oder „Ist das nicht schön?“ oder „Hast du schon einmal so etwas gesehen?“

Es ist offensichtlich, dass sie sich verlaufen haben. Das beunruhigt sie jedoch nicht, da sie den ganzen Tag Zeit haben. Er schlägt ihr vor, zurückzugehen. Sie ist einverstanden und geht sofort wieder voran. Manchmal macht sie einen Ausfallschritt, um über Lavageröll oder abgebrochene Äste zu steigen.

Ein Mirador: Das Schild verspricht etwas, das nicht mehr existiert. Auch das ist für sie kein Problem. Sie sind da, wo sie sind, zusammen. Durch den Sucher seiner Kamera sieht er Charlotte, neben einem Felsen mit Büschen, einen blauen Himmel, weit entfernt den Atlantischen Ozean als schmalen grauen Streifen, der sich am Horizont auflöst. Sie küssen sich, als sie auf einen breiteren Weg stoßen und gehen Hand in Hand zum Parkplatz zurück.

Sie umarmt ihn und flüstert ihm leise ins Ohr: „Ich habe Hunger."

Dabei bindet sie sich ihr Haar zu einem Pferdeschwanz. Er blickt sie an und überlegt, aber er hat keine Idee. Daher schweigt er. Bald erreichen sie den Parkplatz. Charlotte hat den Autoschlüssel. Sie fährt zum voll besetzten Restaurant an der Seilbahn, die zum Gipfel des Vulkans Teide führt. Charlotte geht dort in den Waschraum. Es ist windig, die spanische Flagge flattert im Wind.

Sigurd lehnt sich an eine Mauer, mit dem Rücken zum Teide, blickt auf die bizarren Gesteinsformationen vor ihm und auf die glänzenden Autos auf dem riesigen Parkplatz. Die Sonne strahlt auf seine Haut. Kurz darauf sitzen sie gemeinsam auf der Steinmauer und beobachten die Ausflügler und die Wanderer, die sich auf den Weg zum Gipfel machen. Sigurd hat Probleme, ihm macht die Höhe von über 2.350 Metern zu schaffen. Er fühlt sich nicht wohl, sein Herz flattert. Er ist erleichtert, als Charlotte zum Aufbruch drängt.

Charlotte erzählt aus ihrem Leben: Geschichten über Liebe, Sex und Lügen. Sie wuchs in Wittgenstein im Rothaargebirge neben einigen Bauernhöfen, einer Kapelle, einem Gasthof und einem

Lebensmittelgeschäft auf. Je mehr Sigurd über ihr Leben erfährt, desto mehr interessiert er sich für sie.

Sie stehen vor dem Flughafen Teneriffa Süd. Charlotte fliegt zurück nach Deutschland. Sigurd legt seine Hände um ihre Hüfte. Sie küssen sich leidenschaftlich.

„Soll ich noch mit hineinkommen?“, fragt Sigurd.

„Nein, dass musst du nicht. Wir sehen uns doch schon in zwei Wochen wieder.“

Tränen laufen ihr über das Gesicht. Er schämt sich, weil nur er weiß, dass es ein Abschied für immer ist! Sie umarmen einander. Der letzte flüchtige Abschiedskuss.

Charlotte flüstert „Tschau“ und hebt die Hand, bevor sie vom Eingangsbereich des Flughafenterminals verschluckt wird.

Gepeinigt von Schuldgefühlen beginnt Sigurd zu schwitzen. Atemnot und Übelkeit quälen ihn, als ihm die unerträgliche Last seiner Lügen gegenüber Charlotte schmerzlich bewusst wird. Tränen treten in seine Augen, als er die bittere Wahrheit des Verrats an ihrer Liebe mit jeder Faser seines Herzens fühlt. Doch inmitten des Sturms der Gefühle findet er Trost in dem Gedanken, dass seine Flucht auch dazu dient, Charlottes Leben zu schützen.

Surrealistische Szenarien schießen ihm durch den Kopf: Charlotte flieht vor Kindern mit leblosen Augen und zähnefletschenden Kampfhunden. Er sieht sie als Kind in Wittgenstein an einem kleinen Bach spielen, er sieht sie in einer Hochhaussiedlung in Dortmund wohnen, er sieht sie, als sie sich in einer Diskothek in Westerland kennenlernen.

Weitere Erinnerungen aus ihren Erzählungen tauchen auf: Liebschaften. Engel. Tränen. Krankenzimmer. Beerdigungen. Ein anderes unheilvolles Szenario schleicht sich in seine Gedanken: Charlotte sitzt allein in ihrer Wohnung. Ihr Herz ist schwer vor Verzweiflung, da er ohne jegliche Erklärung verschwunden ist. Sie quält sich mit der Ungewissheit, was mit ihm geschehen sein könnte. Möglicherweise war er sogar tot. Die Vorstellung, ihn niemals wiederzusehen, lässt sie in ein Meer aus Tränen versinken.

Er muss daran denken, dass sie einmal gesagt hat, dass Menschen Gefangene von Stunden sind und dass Stunden die Tage verschlingen, und jeder neue Tag einen anderen. Er kann sich noch gut an ihre erste gemeinsame Nacht in einem Hotelzimmer am See erinnern, an die gelben Gardinen, die Muster des echten Brokats, den grauen Teppichboden, die zierlichen Lampenschirme mit ihrem goldgelben Licht. Ein Nachmittag im Herbst, mit den Motorbootgeräuschen vom See und dem Gemurmel der vorbeischlendernden Touristen auf der Promenade.

Am frühen Abend sitzt er auf einem wackeligen Stuhl in einer schmalen Gasse vor einem Restaurant. Nach dem Markttag ziehen Traktoren die leeren Anhänger die Straße hinauf. Plötzlich ertönt ein kreischendes Bremsgeräusch, dass das Stimmengewirr übertönt. Ein Traktor kommt unendlich langsam zum Stillstand. Frauen schreien vor Schreck auf, Hunde kläffen aufgeregt.

Ein Trauerzug schwarz gekleideter Menschen schreitet zum Friedhof. Die Frauen und Männer schauen ernst. Am Ende der Gasse, hinter einer Reihe flacher Häuser, blickt man bis zum Horizont über das Meerblau des Atlantischen Ozeans.

Auf dem Marktplatz liegen verfaulte Mandeln, zermatschte Tomaten, Weintrauben und Oliven. Sigurd blickt auf die bunten Häuser mit ihren verzierten Fassaden und die Laternen auf der Promenade. Zu Beginn hat er alles geliebt. Aber nun riecht er den Urin der Hunde und Menschen, sieht den Müll an der Uferpromenade, sieht die Kakerlaken in Wandritzen verschwinden. Plötzlich stören ihn die lauten Stimmen, das Gebrüll, das lärmende Hupen, der Geruch von Kot und Erbrochenem und die vorbeihuschenden

Ratten. Jetzt stören ihn die baufälligen Häuser mit ihren maroden Balkonen und löchrigen Dächern ebenso wie die brutale, menschenfeindliche Betonarchitektur der Südküste Teneriffas.

Sigurd erhält eine SMS von Robert Taylor: „Wir glauben, dass du nicht mehr verfolgt wirst. Bist du bereit? Können wir alle erforderlichen Schritte einleiten?"

Die Nachricht seines Freundes erfüllt ihn mit einer tiefen Erleichterung, die wie eine Befreiung aus den Fesseln der Angst wirkt. Sigurd ist bereit, den Weg zu gehen, den ihm Robert Taylor aufgezeigt hat. Er ist voller Kraft und Entschlossenheit. Es ist an der Zeit, den entscheidenden nächsten Schritt zu wagen. Er ist bereit, das Abenteuer zu beginnen, das vor ihm liegt.

Mit klopfendem Herzen tippt Sigurd seine Antwort in das Mobiltelefon: „Ja, ich bin bereit!"

15. Chayton

Die Maschine aus Kapstadt setzt sacht auf dem Chicago O'Hare International Airport auf. Sigurd geht in flirrender Hitze vom Flughafen zur Greyhound-Station. In einem Fast-Food-Restaurant wurden die Tagesgerichte auf eine Fensterscheibe gepinselt.

Er betritt den Warteraum des Busbahnhofs. Außer ihm befinden sich hier sechs weitere Busreisende. Er vermutet, dass sie ihr ganzes Leben lang hart und mühevoll gearbeitet haben, bevor sie schließlich ihre Träume von einem besseren Leben aufgegeben haben. Am Fahrkartenschalter steht er hinter zwei spanisch sprechenden Frauen und wartet auf seine Abfertigung. Ein alter Mann liest in einer Zeitung mit der Schlagzeile: Love and Theft? Im Warteraum ist es stickig und warm. Die Klimaanlage ist defekt.

Sigurd Paulsen bucht ein One-Way-Ticket in einem der Low-Cost Express Busse, der ihn über Minneapolis in Minnesota, Bismarck in Nord Dakota bis nach Poplar in Missouri bringen wird. Nach dem langen Flug fühlt er sich, als wäre er schon seit Tagen unterwegs. Dennoch ist es ihm unmöglich, im Bus zu schlafen, so sehr faszinieren ihn die Bilder der amerikanischen Welt. In seinen Tagträumen stellt er sich vor, in den Häusern zu leben, an denen der Bus vorbeifährt. Zunächst glücklich, dann gelangweilt und schließlich mit Widerwillen. Er sehnt sich nach der Zeit, als er bei seinen Reisen noch Freude empfand. Aber die weiten Landschaften des amerikanischen Nordens lassen seine Wehmut schnell vergehen.

Sigurd ist seit Chicago anonym unterwegs. Er hat alle Internet-Accounts gelöscht und seine deutsche SIM-Karte zerstört, ebenso sein iPhone und sein Notebook. Vor der Fahrt zerriss er seinen Reisepass und warf ihn in einen Mülleimer. Als der Deckel zuklappte, fühlte er sich so frei wie selten in seinem Leben. Er hofft, dass er nun für seine Verfolger nicht mehr sichtbar ist. Er weiß, dass er auf keinen Fall über einen Personal Computer, ein Notebook, ein Mobiltelefon oder ein Tablet mit eigenem Account bei Facebook, Google, Apple, Twitter, Instagram und anderen sozialen Medien im Internet surfen darf.

Ihm ist bewusst, dass es für die Anonymität im Netz unerlässlich ist, eine zweite Identität aufzubauen, die er nur mit Geräten verwenden darf, die keinerlei Verbindung zu seiner wahren Identität haben. Das Tracking der ursprünglichen Identität wird durch mehrere unterschiedliche E-Mail-Accounts und Telefonnummern erschwert. Wenn überhaupt, wird er nur über eine Virtual Private Network (VPN) Verbindung im Internet surfen, da dort der gesamte Datenverkehr verschlüsselt wird. Außerdem erhält man eine IP-Adresse, die dem Standort des Remote-Servers entspricht, der ja überall auf der Welt stehen kann.

Eine weitere Möglichkeit, anonym im Internet zu surfen, ist das Surfen über den Firefox-Browser Tor (The Onion Router). Auch bei Tor werden die Daten verschlüsselt übertragen und es ist nicht möglich, zurückzuverfolgen, woher die Daten stammen und wohin sie gehen. Daher ist es für Sigurd auch nicht ganz unwichtig, dass Tor einen Zugang zum Darknet anbietet.

Er weiß, dass er keinen Cloud-Anbieter nutzen darf, weil dort auch Geheimdienste und andere staatliche Einrichtungen Zugriff auf die Daten haben. Das Gleiche gilt für die Daten von Apple, Microsoft oder Google, die beim US-Geheimdienst NSA gespeichert werden. Trotz aller Vorsichtsmaßnahmen bleibt es ein schwieriges Unterfangen, keine Datenspuren zu hinterlassen. Vor allem ist auch nicht auszuschließen, dass die russischen Geheimdienste Zugang zu den Datenbanken der sozialen Medien oder amerikanischen Nachrichtendienste haben.

Hinter Culbertson in Montana begleiten Sigurd im spärlich besetzten Bus die Signalhörner der Eisenbahn durch das flache Land. Mit der Überquerung des Big Muddy Creeks erreichen sie die Fort Peck Indian Reservation. Der Bus fährt nun durch karges Land und kleinen Indianersiedlungen mit Pow-Wow-Plätzen. Plakate werben für die Veranstaltungen.

Welcome to Poplar. Located on the Fort Peck Indian Reservation. The Reservation is home to the Assiniboine and Sioux Tribes.

Rechts geht es zum Flughafen, zum Hospital und zum Poplar Tribal Museum, links zum Friedhof. Es gibt die Poplar Highschool und die Poplar Indians, den Basketball-Club der Schule. Am Ortsausgang befindet sich das Footballstadion. Sigurd riecht verbranntes Gummi, Öl und ranzige Aldehyde. Ihn beunruhigen die baufälligen, zugenagelten und abgebrannten Gebäude im Stadtzentrum. Die Geschäftsstraße ist menschenleer. Es gibt kein Geschäft, das geöffnet hat. Das einzige Hotel in Poplar ist geschlossen.

Sigurd hat sich selten so fremd an einem Ort gefühlt wie in diesem Augenblick. Er erkundigt sich bei einem indianischen Polizisten nach einem Taxi. Der Polizist starrt ihn zunächst ungläubig an, bevor er ihm den Weg weist. Der Taxistand ist eine nur notdürftig hergerichtete Bretterbude, die genauso schmutzig wie der staubige Boden des kargen und baumlosen Parkplatzes ist.

23 Meilen weiter westlich erreicht er Wolf Point in Montana, das verheißungsvoll mit dem Silver Wolf Casino lockt. Wolf Point ist die größte Ortschaft in der Fort Peck Reservation mit knapp 3.000 Einwohnern. Anders als Poplar wirkt die Stadt lebendiger und prosperierender. Wolf Point gilt als Grandaddy of all Montana Rodeos, da die Stadt eines der ältesten Rodeos veranstaltet. Ansonsten bietet der Ort außer dem Silver Wolf Casino, dem Roosevelt County Museum und der 1930 eröffneten Lewis and Clark Bridge über den Missouri keine besonderen Sehenswürdigkeiten.

Die digitale Anzeige an der Gasstation zeigt 37 Grad Celsius an. Der Asphalt unter Sigurds Füßen scheint zu kochen. Die Warnung auf der Zapfsäule: *No pay, no licence, drive-off without paying for gas, it could be the last time* bringt ihn zum Lachen.

Eine Indianerin bettelte ihn an. Sigurd ist überrascht und gibt ihr einen Dollar. Sie ist empört, schimpft und fordert zehn Dollar. Er wendet sich ab, kann der Frau nicht in die Augen schauen.

Wie mit Robert Taylor abgesprochen, bucht er ein Zimmer im Rancho RV Park und Motel. In seinem Hotelzimmer blickt er auf einen niedrigen Tisch mit einer Stuckmarmorplatte, auf zwei gelbe Ständerlampen, auf weiße Bettdecken, auf einen ausgetretenen beigefarbenen Teppichboden, auf ein verblichenes rotes Sofa sowie auf zwei Sessel in der gleichen Farbe. Das Klimagerät summt leise vor sich hin. Sonnenstrahlen fallen in sein Zimmer, die den Fensterrahmen als Schattenbild an die Wand werfen.

Er kann es kaum glauben, aber in diesem abgelegenen Ort im Norden Amerikas beginnt der Ausstieg aus seinem bisherigen Leben. Hier wird er seinen Kontaktmann Ronald Richards treffen, einen Sioux-Indianer, der seinen Identitätswechsel organisiert. Sigurd schluckt heftig und atmet tief durch, um eine Panikattacke zu unterdrücken.

Am Abend klopft es sacht an der Tür. Ein schlaksiger Indianer mit kurzem, dunklem Haar und lebhaften Augen steht vor Sigurd und betrachtet ihn neugierig. Chayton ist der Neffe von Ronald Richards. Er teilt Sigurd mit, dass er in den kommenden Wochen sein Begleiter sein wird und dass sie sich bald auf den Weg nach Zortman in den Little Rocky Mountains in Montana machen werden. Dort soll in einer Goldmine der geheimnisvolle Identitätstausch stattfinden.

Die Anlage des Rancho Parks liegt zwischen flachem, braunem Farmland. Das Motel ist in einem üblen Zustand. Die Zimmertüren des Motels sind teilweise zugenagelt, einige Fenster wurden nur notdürftig mit Pappe und Plastik ausgebessert.

Ronald Ron Richards wohnt in einem kleinen Apartment im Motel des Rancho Parks. Als Sigurd eintritt, schnuppert Rons Schäferhund nur kurz an seiner Hand, bevor er sich erneut vor die Tür legt. Der Wohnraum steht voller Pokale, Bilder, Schmuck und spirituellen Gegenständen. An der Wand hängt eine Fotografie von ihm in Stammeskleidung. Er sieht verwegen aus, nur die Sonnenbrille ist aus der Zeit gefallen.

Ron ist ein etwa 65-jähriger Sioux Indianer, der mit sanfter, melodischer Stimme über seine langjährige Freundschaft zu Robert Taylor spricht: „Wir waren in der US-Armee im Vietnamkrieg als Fallschirmspringer im Einsatz.“

Ron zeigt ein Foto, auf dem er als junger Soldat im Krieg zu sehen ist.

Sein Blick verklärt sich, als er fortfährt: „Mein Großvater hat mir vorausgesagt, dass ich einmal wie ein Adler fliegen werde. Als ich Fallschirmspringer wurde, wusste ich, was er meinte. Indianer haben keine Angst", sagt er stolz, „Deshalb bin ich Elitesoldat geworden."

„Natürlich", räumt er ein, „haben wir uns gefragt, was wir in Asien zu suchen haben. Aber wir waren nun einmal Soldaten, die einen Job erledigen mussten. Damals sprangen wir aus großen Höhen ab, um unten am Boden unseren tödlichen Auftrag auszuführen. Bei einer dieser Aktionen brach ich mir einen Halswirbel und hatte einen Schädelbruch."

Abrupt wechselt er das Thema: „Ich warte noch auf das Startsignal meiner Leute in den Little Rocky Mountains. Es ist möglich, dass sich die geplante Aktion in Zortman noch zwei bis drei Wochen hinziehen wird. Wir werden dir die Details zu deinem Identitätswechsel rechtzeitig mitteilen. Ist das in Ordnung für dich?"

Sigurd nickt zustimmend, während Ron sich ein Glas Wasser einschenkt und fortfährt: „Wusstest du, dass in den USA jedes Jahr etwa 500.000 bis 800.000 Menschen verschwinden? Da die meisten freiwillig untertauchen, weiß niemand, wie hoch der Anteil an gefälschten Pässen, an falschen Identitäten oder an der Inszenierung des eigenen Todes ist. Die häufigsten Methoden, um sich aus dem alten Leben zu verabschieden, sind falsche Fährten und das Vermeiden von Spuren. Es ist ratsam, schon mehrere Monate vor dem Untertauchen nur Mobiltelefone mit Prepaid-Karten zu verwenden, alle Rechnungen bar zu begleichen und ausschließlich von einem Internet-Café mit einem Fake-Account im Internet zu surfen."

Ron führt weiter aus: „Das alles kann man jedoch umgehen, wenn man die Identität eines realen Menschen annimmt. Die wichtigste Voraussetzung dafür ist, dass man nicht mehr an den Ort zurückkehrt, an dem man früher gelebt hat."

Er blickt Sigurd aufmerksam an.

„Man könnte meinen, die heutige Technologie sei das größte Hindernis beim Tod-Vortäuschen, aber tatsächlich ist das größte Problem eher, das alte Leben vollständig aufzugeben, inklusive aller Vorlieben und Gewohnheiten. Bist du bereit, das zu tun?"

Sigurd schaut Ron gedankenverloren an. Denn genau in diesem Moment erscheint ihm das Szenario so absurd, dass er in einer Reservation in Montana von einem Sioux-Indianer über die Problematik seines Identitätswechsels aufgeklärt wird.

16. Fort Peck Indian Reservation

Chayton möchte mit Sigurd eine Tour auf die Südseite des Missouri Rivers unternehmen, in Richtung Osten bis nach Poplar, wo sie einen Zahnarzttermin haben.

Es weht ein leichter, warmer Wind, als Chayton seinen klapprigen Chevrolet startet. Der Himmel ist wolkenlos. In Wolf Point lebt ein Großteil der Bevölkerung von der Landwirtschaft. Entlang der Bahnstrecke stehen jede Menge Getreidesilos. Weiterhin gibt es auch einen Flughafen und einen Golfplatz. Sie queren den Missouri River und verlassen die Fort Peck Indian Reservation. Die Schotterstraße der Nickwall Road führt größtenteils durch Prärie und Ackerland. Die Prärie ist verdorrt. Manchmal passieren sie eine Farm.

Das schlichte weiße Holzgebäude der Nickwall School steht inmitten der Felder. Die Kinder aus den umliegenden Farmen wurden hier früher unterrichtet. Dichte Baumreihen säumen die Ufer des Missouri. Ein gelbes Agrarflugzeug fliegt über sie hinweg und sprüht Pflanzenschutzmittel auf die Felder. Bisher ist ihnen noch niemand begegnet. Chaytons Blick ist unstet. Er checkt ständig die Umgebung auf Bewegungen. Aber auch Sigurd hat ein mulmiges Gefühl in dieser Einsamkeit. Er erkennt immer mehr, dass Chayton mit ihm diese Tour macht, um herauszufinden, ob sie unter Beobachtung stehen. Eine Brücke führt über den Redwater River, dem ehemaligen Two Thousand Miles River. Von dieser Stelle bis zur Mündung des Missouri River in den Mississippi River sollen 2.000 Meilen liegen. Ein Truck rast ihnen entgegen, in eine riesige Staubwolke gehüllt.

Kurze Zeit später sitzt Sigurd in einem Röntgenraum der Zahnarztpraxis von Dr. Donald John in Poplar.

Etwas mehr als die Hälfte der Einwohner von Wolf Point sind Ureinwohner. Vor dem Supermarkt in Wolf Point torkelt ein Indianer heran, ganz in schwarz gekleidet und betrunken. Sigurd schaut weg, um nicht angebettelt zu werden. Er weiß, dass er in dieser Gegend mit einem der größten Probleme der Indianer Amerikas konfrontiert ist, dem Alkohol- und Drogenmissbrauch. Einen größeren Kontrast kann er sich kaum vorstellen: Einerseits die wilde Schönheit des Landes, andererseits die hohe Zahl seiner Bewohner, die auf staatliche Hilfe angewiesen sind. Sigurd ist bedrückt, die Angehörigen eines einst stolzen Volkes in diesem erbarmungswürdigen Zustand zu sehen. Gleichzeitig empfindet er es als Schande, dass ein so wohlhabendes Land wie die Vereinigten Staaten die ursprünglichen Besitzer unter solch menschenunwürdigen Bedingungen leben lässt.

Chayton schlägt vor, sich die Fort Peck Indian Reservation genauer anzuschauen. Zunächst geht es durch die sanft hügelige Prärielandschaft der High Plains. Die kurvenlose Straße in der kargen Landschaft zeigt schnurgerade Richtung Norden und gleicht einem sich unendlich reproduzierenden Bild. Eine Pferdeherde mit Fohlen trabt gemächlich über die Straße. Es gibt im Reservat mehrere große Ranches, die von weißen US-Amerikanern betrieben werden.

Sigurd stellt sich den Kraftakt vor, der betrieben wurde, um diese Grassteppe in Ackerland umzuwandeln. Über Jahrtausende hinweg war dieser Landstrich kaum besiedelt und wenig genutzt. Auf den weiten Grassteppen weideten Büffelherden. Im Laufe der Zeit wurde der Getreideanbau immer weiter nach Norden und Westen ausgedehnt, selbst in Gebiete hinein, in denen die Niederschläge normalerweise für einen dauerhaften Anbau nicht ausreichen. Die trockenen Felder und die Weideflächen mit der spärlichen Grasnarbe waren den erodierenden Kräften von Wind und Wasser ausgesetzt, das Land wurde teilweise zum Badland.

Die Reservation ist fast baumlos, abgesehen von einigen Bäumen, die um Farmen als Windschutz gepflanzt wurden. Ein paar Farmen sind verlassen, davor grasen Indianerpferde. Vom Windy Butte blicken sie in die weite Ebene nach Norden.

Scobey ist eine geschäftige Provinzstadt, die überschaubar und wohlgeordnet ist. The Daniels County Museum & Pioneer Town ist ein Straßenensemble mit Gebäuden aus der Westernzeit. Hinter Scobey sehen sie nur noch den Wasserturm im Rückspiegel, dann verliert auch er sich in den Weiten Montanas.

In Madoc stehen noch einige historische Grain Elevator, Holzsilos, die auch Wachposten der Prärie genannt werden. Bei einer Besichtigung der verfallenen Getreidespeicher spaziert Sigurd durch hohes Gras. Chayton ermahnt ihn, auf Rattlesnakes zu achten. Sigurds Adrenalinspiegel steigt sprunghaft an. Der Montana Secondary Highway 251 führt sie wieder nach Süden. Es ist so einsam, dass sich alle mit einem lässigen Heben des Zeigefingers grüßen. Zwei ältere Damen arbeiten in einer kleinen Ansiedlung im Garten an einem Blumenbeet und winken ihnen freundlich zu. Chayton ist während der Fahrt wortkarg. Er beobachtet mit Argwohn jedes Auto, das ihnen zu nahekommt.

17. Ronald Richards

Sigurd und Ronald Richards sitzen auf einer Bank vor dem Motel. Sigurd bemerkt, dass Ron auf der einen Seite seines Kiefers keine Zähne mehr hat. Doch er scheint nicht arm zu sein, denn er erwähnt beiläufig, dass er auf beiden Seiten des Missouris Land besitzt, auf dem man Öl gefunden hat.

Sigurd erfährt, dass Ron seit schon seiner Kindheit ein besonderes Talent für Heilpflanzen besaß, sodass ihn sogar seine Lehrer um Rat fragten. Seine Vorfahren haben ihm beigebracht, ganzheitlich zu denken und den Menschen als eine Einheit von Körper, Geist und Seele zu betrachten. Sogar Krebskranke hat er bereits erfolgreich behandelt. Als ihm Ron auf seinem Mobiltelefon einige Heilpflanzen aus der Prärie zeigt und auf eine Antwort wartet, schweigt Sigurd lieber, da er nichts von Pflanzenheilkunde versteht.

Ron spricht plötzlich über Klapperschlangen und erklärt ihm, dass auch sie heilen können. Das Gift der Klapperschlange ist ein wirksames Mittel zur Behandlung von Krankheiten. Er weist darauf hin, dass Schlangen normalerweise keine Menschen angreifen, sondern sich zurückziehen. Dabei schaut er Sigurd fest in die Augen und meint, dass er keine Angst vor diesen Reptilien hat. Im Gegenteil. In der Nähe von Wolf Point gibt es Tausende von diesen Schlangen. Oft beeindruckt er Freunde oder Besucher, indem er die Schlangen indianisch anspricht und dann mit bloßen Händen in die Schlangengrube greift und ein sich windendes Knäuel in die Höhe hält, ohne dass ihn eine einzige Schlange angreift. Sigurd schaut ihn ebenso verblüfft wie fasziniert an.

Ron fährt fort: „Meine Aufgabe besteht darin, mein Volk zu schützen und den Missbrauch von Drogen und Alkohol zu bekämpfen und die Natur in der Reservation zu achten. Ich lebe ohne Alkohol und Drogen und möchte immer Vorbild für meinen Stamm sein. Während meines Studiums kamen häufig weiße Kommilitonen zu mir und baten um meinen Rat. Dabei stellte ich fest, dass bei den Weißen das Streben nach Reichtum eines ihrer größten Probleme darstellt. Für uns Indianer ist Besitz dagegen nicht wichtig."

Nach einer kurzen Pause philosophiert er weiter: „Die Sterne am Himmel sind unsere Ahnen. Wenn eine Sternschnuppe vom Himmel fällt, steigt einer der Verstorbenen herab und kümmert sich um seine Familie, wenn jemand krank ist oder andere Probleme hat."

Nach einem kurzen Innehalten berichtet Ron über seinen Großvater, der ihm viele philosophische Weisheiten hinterlassen hat. Ron imitiert die Stimme seines Vorfahren: „Today I ask for all things that I may enjoy life. Today you give me life that I may enjoy all things."

Sigurd erfährt, dass sein Großvater ein Medizinmann war, der Steine bewegen konnte, ohne sie zu berühren. Durch rhythmisches Schlagen der Schamanentrommel und die starke geistige Kraft des Schamanen begannen sich die Steine zu drehen. Sigurd verzieht seinen Mund zu einem schiefen Lächeln. Ron mustert ihn missbilligend und fährt fort: „Wenn mein Großvater die Trommel schlug und mit einem Kojoten sprach, begann dieser wild im Kreis zu tanzen, um kurz darauf friedlich einzuschlafen."

Sie sprechen über die vielen Drogen- und Drogentoten im Reservat. Ron räumt ein, dass es diese Probleme gibt. Sigurd erfährt, dass die Polizei in den letzten Monaten viele Dealer festgenommen hat. Allerdings bezweifelt Ron, dass diese Maßnahme ausreichen werden, um das Drogenproblem zu lösen. Er blickt Sigurd traurig an und betont, dass die Dealer ausnahmslos Weiße waren. Die hohe Arbeitslosigkeit und die fehlenden Zukunftsaussichten in den Reservaten verstärken bei seinen Brüdern und Schwestern die Flucht in die Alkohol- und Drogenwelt.

Ronald spricht mit einem Hauch von Wehmut über seine Frau, die vor einigen Jahren an einem Krebsleiden gestorben ist. Nach seinem Dienst in der Armee lebten sie gemeinsam in Oregon nach den Regeln der Weißen und legten großen Wert auf die Bildung ihrer Kinder. Erst nach dem Verlust seiner Frau kehrte er zurück in die Reservation, wo er seine Kindheit und Jugend verbracht hatte.

Nur wenn die Kälte in Montana unerträglich wird, macht er sich auf die 1.100 Meilen lange Reise zu seinen Kindern ins sonnigen Oregon. Dort hat er ein Zimmer, das mit traditionellen indianischen Devotionalien geschmückt ist. Sigurd hat mittlerweile erfahren, dass Ron ein angesehener Indian Dancer war und viele seiner Trophäen sowohl in seinem Appartement in Wolf Point als auch in seinem Zimmer in Oregon aufbewahrt werden. Dort befinden sich auch noch Fotos aus seiner erfolgreichen Zeit in der Baubranche, als er als Vorarbeiter einer großen Baukolonne an der Errichtung eines riesigen Sportstadions beteiligt war.

Später arbeitete er als Organisator für den Bühnenaufbau großer Konzerte und traf neben anderen bekannten Stars auch Elvis Presley, der Ron mit seinen langen Zöpfen anblickte und bewundernd ausrief: „Oh, a native, an Indian."

Ron ahmt Elvis Stimme nach und lacht schallend.

18. Indian Dance Competition

Sigurd wartet ungeduldig auf die Weiterfahrt nach Zortman, aber Chayton hat es nicht eilig. Sigurd soll sich vorher noch einen indianischen Tanzwettbewerb, das Pow-Wow-Event Wahcinca Lakota in Poplar ansehen. Grinsend meint er: „Mein Onkel besteht darauf."

Auf einem Veranstaltungsgelände in der Nähe des American Legion Parks steht eine offene Blechhalle, in der die Indian Dance, Costume & Drumming Competition stattfindet. Viele Besucher campen am Poplar River. Sigurd beobachtet neugierig die Vorstellungen der Tänzer und die Eröffnungstänze.

Chayton klärt ihn darüber auf, dass die Fahne, die stolz beim Einmarsch der Tänzer vorangetragen wird, die heiligste Fahne der Assiniboine-Sioux-Indianer ist. Sie ist ein Symbol für die Einheit und Stärke ihrer Stämme sowie eine Verbindung zu ihren Wurzeln und ihrer Geschichte. Die Tänzerinnen und Tänzer, die majestätisch und anmutig über das Feld schweben, repräsentieren alle Altersgruppen ihrer Gemeinschaft. Ihre Bewegungen vermitteln Eleganz und ein Gefühl von Stolz, das Sigurd zutiefst berührt. Alle Tänzer sind in der traditionellen Tracht ihrer Stämme gekleidet, die mit Symbolen und Mustern verziert sind, die Jahrhunderte alte Geschichten erzählen und die Verbundenheit mit der Natur und den Ahnen widerspiegeln.

Die Tänzer bilden einen Kreis, in dessen Mitte eine große Trommel steht, auf der drei Männer in sitzender Stellung den Rhythmus schlagen. Zu den monotonen Trommelschlägen pfeifen die Tänzer auf Pfeifen kurze, gleichartige und oft wiederholte Töne. Dann beginnen sie zu tanzen. Sie stampfen mit vorgebeugtem Kopf und Oberkörper fest auf und bewegen sich ekstatisch vorwärts, während die Pfeifen, Trommeln und Schischikues ein heftiges Getöse verbreiten.

19. CHAYTON. ZORTMAN. MONTANA

Ronald und Chayton sprechen über die Reise nach Zortman. Sigurd muss vor der Tür warten, aber er sieht durch das Fenster, dass heftig gestikuliert wird. Einer der beiden schüttelt immer mal wieder den Kopf.

Ronald verabschiedet Sigurd mit sorgenvoller Miene: „Nun wird es ernst für dich, mein deutscher Freund. Ab jetzt ist Chayton für dich verantwortlich. Folge seinen Anweisungen. Es geht nicht nur um dein Leben, sondern auch um sein Leben. Wenn es zu gefährlich wird, kommt zurück. Fahrt täglich nur kurze Strecken. Ihr habt ausreichend Zeit. Seid stets wachsam und vorsichtig. Achtet auf jede Merkwürdigkeit in eurer Umgebung."

Sie verlassen den Rancho RV Park kurz darauf im Lärm eines vorbeirollenden Zuges. Es ist Erntezeit. Die Weizenernte ist eingeholt. Die Strohballen werden abtransportiert.

Auf ein Stoppschild wurde gesprüht: *Don't stop believing.*

Unter den Bäumen einer Flussniederung machen sie ein paar Schießübungen.

„Hast du schon einmal geschossen?"

Sigurd lächelt verlegen.

„Nein, habe ich nicht."

„Es dröhnt etwas in den Ohren."

„Soll ich?", fragt Sigurd.

Er wartet die Antwort nicht ab und drückt den Abzugshahn, spürt das Krachen durch seinen Körper gehen. Der ganze Körper wird zu einem Wummern und Stürzen. Er duckt sich, ohne es zu wollen. Es gibt ein Pfeifen von innen und außen, einen einzigen Ton, der in der Ferne oder tief drinnen durch Sigurd dringt.

Chayton lacht ein wenig hämisch und ruft ihm zu: „Eine Kugel ist so schnell und heiß, dass sie bösartige Wunden in einen Körper reißt. Das Blut fließt wie ein reißender Fluss, wenn ein Körper getroffen wird. Normalerweise fließt es sauber und blau schimmernd durch unsere Adern, aber wenn die zerstört sind, wird das Blut zum Feind."

Der Milk River markiert die Grenze zur Fort Peck Indian Reservation. Die karge Landschaft erstreckt sich eintönig, mit einer endlosen, fast flachen Prärie, die den Horizont zu verschlucken scheint. Sie fahren in der glühend heißen Mittagshitze. Die Luft flimmert und es fühlt sich für sie an, als würden sie über schwimmenden Asphalt fahren.

Chayton ist seit ihrer Abreise gesprächiger. Sigurd erfährt, dass der Stausee des Fort Peck Lake der fünftgrößte in den USA ist und im Charles M. Russell National Wildlife Refuge liegt, das bekannt ist für seine Dinosaurier-Fossilienfunde.

In Fort Peck checken sie in einem Hotel ein. Chayton erledigt die Formalitäten. Die kleine Ansiedlung ist so sauber und gepflegt, wie man sie nur aus Heile-Welt-Filmen kennt. Auf dem Montana Highway 24 überqueren sie den 6.000 Meter langen Staudamm. Ein beeindruckendes Panorama: Hinter ihnen die gestaute Flusslandschaft, vor ihnen die weite Wasseroberfläche des Stausees.

Der Damm ist durch Findlinge zur Seeseite hin gesichert. Chayton erzählt Sigurd zu diesen Findlingen eine Geschichte: Die Steine besorgte man sich beim Bau des Damms bei den Indianern in der Reservation. Dort, wo die Findlinge lagen, wimmelte es von Rattlesnakes und Bullsnakes. Das Abtransportieren war ein schwieriges und gefährliches Unterfangen. Unter den Steinen war auch ein Kind beerdigt worden, das an einem Schlangenbiss gestorben war. Als die Steine aus der Umgebung des Grabes abtransportiert werden sollten, gab die Familie des verstorbenen Kindes ihr Einverständnis, unter der Bedingung, dass das Kind umgebettet wird. Als man nach dem Leichnam suchte, waren keine Überreste des Mädchens zu finden. Die Aufregung war groß, der Abtransport der Findlinge wurde gestoppt. Eine Medizinfrau blieb über Nacht an diesem Ort und hatte am nächsten Tag eine Erklärung parat: Das Kind war von einer heiligen Riesenschlange vollständig vertilgt worden. Von diesem Moment an durften wieder Steine wegtransportiert werden, aber nicht mehr aus der näheren Umgebung des Grabes.

Die School Selection Road führt bis zu einer Bootsrampe am Missouri River. Die Landschaft wirkt still und einsam. Die Landschaft ist geprägt von verlassenen Farmen und abgeernteten Äckern. Chayton beobachtet die Gegend mit wachsamem Blick. Gänse fliegen schnatternd davon. Die Sonne brennt gnadenlos auf das trockene Land. Es herrscht eine unerträgliche Hitze. Doch trotz der Trostlosigkeit und Einsamkeit liegt liegt über der Landschaft ein Hauch von Schönheit. Während Chayton Sigurd gerade erzählt, dass es in Montana im Winter kälter sei als in Grönland und im Sommer heißer als in der Hölle, wird es plötzlich turbulent.

Ein schwarzer Range Rover blockiert den Weg und drei bewaffnete Männer springen heraus. Sigurd versteht nicht, warum sie Waffen tragen. Es kommt ihm vor, als wären sie in eine surreale Filmkulisse geraten. Aber Chayton reagiert blitzschnell und eröffnet das Feuer auf die Angreifer. Zwei, drei Schüsse. Die Männer bleiben überrascht stehen, einer von ihnen hält sich den blutenden Oberschenkel. Hektisch flüchten sie zurück zu ihrem Fahrzeug und verschwinden in einer Staubwolke, die hinter ihnen her wirbelt. Chayton lächelt mit schmalen Lippen, steckt seinen Revolver zurück in den Rucksack und murmelt leise Worte in der Lakota Sprache.

Er blickt Sigurd mit nachdenklichem Gesicht an, mustert ihn intensiver als je zuvor. Sigurd steht kurz vor einem Kreislaufzusammenbruch: Sein Gesicht ist blass, seine Augen flackern und ihm ist schwindelig. Mit letzter Kraft lässt er sich schwer in den Beifahrersitz fallen und hält sich krampfhaft an dem Haltegriff fest.

Sie durchqueren schweigend eine der entlegensten Gegenden Montanas. Regen, Hitze und Kälte haben bizarre Felsformationen erschaffen. In der Hitze flimmert die Landschaft, in der unzählige silbrig-graugrüne Salbeibüsche wachsen. Chayton steuert seinen Chevrolet mit versteinertem Gesicht durch das wüstenähnliche Gelände. Die Ereignisse des gescheiterten Überfalls lassen ihn nicht los. Wie in einer Endlosschleife wiederholt er leise: „Wie konnte es dazu kommen? Wie haben die uns gefunden? Ich verstehe es nicht.“

Vorwurfsvoll, eher zu sich selbst als zu Sigurd, fügt er hinzu: „Ich habe die Angreifer zu spät bemerkt.“

Chayton spricht in der Lakota-Sprache mit Ronald Richards und erhält neue Anweisungen. Er schaut nachdenklich, als er Sigurd von dem Gespräch berichtet: „In Jordan werden wir ein anderes Auto bekommen", beginnt Chayton und seine Augen verraten eine Mischung aus Entschlossenheit und Sorge. „Mein Onkel vermutet, dass mein Chevy verwanzt wurde." Er legt eine kurze Pause ein, bevor er fortfährt: „Wir können uns keine Risiken erlauben und werden daher zusätzlich einen Abstecher zum Hell Creek und zum Crooked Creek unternehmen, um zu sehen, ob wir noch beobachtet werden. Erst danach, mein Freund, machen wir uns auf den Weg nach Zortman.“

Sigurd nickt schweigend. Ein unsichtbares Band der Entschlossenheit verbindet sie, denn sie sind sich der Gefahren bewusst, die auf sie lauern. Doch sie sind bereit, alles zu riskieren, um den Bedrohungen zu trotzen und ihr Ziel, Zortman, zu erreichen.

Obwohl Chayton sich sicher ist, dass ihnen niemand folgt, fährt er unbeirrt über unwegsame Sandwege, um die Hauptstraße nach Jordan zu erreichen. Sein Auto rollt fast lautlos durch die Wildnis, wobei er Sträucher und hohes Gras tief in den Boden drückt. Staubwolken wirbeln auf und verlieren sich in der Luft. Die Natur schuf seltsame Gebilde aus Dornen und Zweigen, knorrig und rau, wie aus einer anderen Welt. In dieser geheimnisvollen Wüstenlandschaft befindet sich das Unbekannte nur wenige Meter vom Weg entfernt.

Sigurd ist plötzlich in heiterer Stimmung und nicht so missmutig wie in den vergangenen Tagen. Er fragt sich, was diese Stimmungsschwankung ausgelöst hat. Ist es der gescheiterte Überfall oder die Tatsache, dass sie sich endlich auf den Weg nach Zortman machen? Er weiß es nicht.

Ein Thermometer vor dem Supermarkt in Jordan zeigt 38 Grad Celsius an. Auf den Grundstücken der Wohnhäuser rosten Autos, Waschmaschinen und anderer Schrott vor sich hin. Eine Autowerkstatt ist vollgestellt mit Motoren, Reifen, Ersatzteilen und ausrangierten Fahrzeugen.

Chayton meint, dass hier Menschen leben, die alles in sich hineinfressen. Sie machen das so lange, bis jemand explodiert. Deshalb warten alle gespannt darauf, wer als Nächstes bei der Hitze die Nerven verliert.

Tumbleweeds wehen durch die Straßen. Wellblechdächer klappern. Hunde bellen lustlos. Kaninchen hoppeln über vergilbte Bierdosen und leere Zigarettenpackungen in die Prärie. Am äußeren Rand der Stadt steht Jordans einziges Münztelefon. Eine Farm liegt inmitten einer Bodensenke, umgeben von einem vergammelten Zaun aus Draht und Gebüsch. Hinter ihm erstreckten sich die kargen, lebensfeindlichen Weiten Montanas. So endlos weit, dass ein menschliches Wesen es sich kaum vorstellen kann. Sigurd geht zum Telefon und wischt sich die Sprechmuschel am Hosenbein ab. Es läutet. Charlotte hebt ab und flüstert: „Ha-llo?“

Sigurd legt auf und schämt sich für seine Schwäche.

Schon am Vormittag ist es glühend heiß. Dunkle Wolken ziehen über Jordan hinweg. Das Städtchen wirkt verlassen. Nur das monotone Quietschen der Ampeln über einer Kreuzung ist zu hören. Sie betanken ihr neues Auto, einen blauen Ford Mondeo. Der Tankwart weist ihnen den Weg zum Hell Creek und betont mit einem geringschätzigen Blick auf ihr Fahrzeug, dass die Straße schlecht zu befahren ist: „Keep your eyes to the rough road.“

Auf einem Plateau werfen Sonne und Wolken spektakuläre Schattenspiele auf die Erde. Ein Viehtransporter steht vor einer Ranch, um Rinder abzuholen. Heuschrecken springen auf die Frontscheibe. In einem Tal liegen Hunderte von Strohrollen, die aus der Ferne wie Bauklötze aussehen. Beunruhigend viele zerfetzte Reifen liegen am Straßenrand. Die Weizenfelder und Weideflächen erstrecken sich bis in die Hügel der Badlands. Sie werden dort empfangen von abgebrannten, schwarz verkohlten Baumstümpfen, die der Landschaft etwas Bedrohliches verleihen. Der Ford rumpelt durch die wilde Landschaft des Charles M. Russel National Wildlife Refuge.

Der Hell Creek State Park sieht von der Höhe aus wie die Bilderbuchlandschaft eines Ferienprospekts. Die braune, graugrüne Landschaft kontrastiert mit dem funkelnden, tiefblauen Wasser des Stausees und des Flusses. Sie quartieren sich im Survival Hotel ein, einem baufälligen Holzgebäude mit Blick auf die Bucht. Auf der überdachten Terrasse, die von Drillingsblumen überwachsen ist, sitzen die Gäste an einer rustikalen Bar und schlürfen ihren Whisky. Von seinem Zimmer blickt Sigurd auf den kleinen Hafen der Ansiedlung.

Sigurd spürt, dass Chayton sich mit etwas beschäftigt, das mit ihm zu tun hat.

„Was möchtest du wissen?"

Chayton mustert ihn mit einem überraschten Blick.

„Kannst du Gedanken lesen? Aber du hast vollkommen recht. Ich muss immer über die Gründe nachdenken, warum du eine neue Identität annehmen willst. Ich frage mich, ob du ein Verbrechen begangen hast, einen Mord oder so etwas."

Sigurd antwortet wortkarg, erwähnt nur die Russen-Mafia, die ihn sucht.

„Warum?", fragt Chayton.

Sigurd entgegnet ausweichend: „Ich werde dir in Zortman alles erzählen, was du wissen musst. Bitte sei mir nicht böse. Vertrau mir."

Chayton nickt verständnisvoll.

Während der Fahrt zum Crooked Creek muss Sigurd an die Worte des Tankwarts denken, die Tour abzubrechen, wenn es regnet, da die Straßen in dieser Gegend schnell zu gefährlichen Schlammfallen werden können. Auf einer Schotterpiste geht es durch hügeliges Prärieland. Die Landschaft wird zunehmend rauer und wilder. Warnschilder weisen darauf hin, dass Feuergefahr besteht und das Jagen verboten ist. Sie erreichen eine Hochebene. Greifvögel drehen am Himmel ihre Runden. Sandsteinformationen mit markanten Maserungen ragen in die Höhe. Von einer Anhöhe blicken sie auf das weitläufige Tal des Missouri und Musselshell River.

Chayton geht allein hinunter ins Tal des Crooked Creeks. Büsche und Bäume sprenkeln gelben Blütenstaub auf seine Haare. Nach einiger Zeit ist er nur noch als winzige Gestalt zu sehen. Er winkt Sigurd zu, ihm mit dem Auto zu folgen.

Sie blicken sich fassungslos an – sie sind auf einem Geistercampingplatz gelandet. Es scheint, als wären die Arbeiten am Campground von einem Tag auf den anderen abgebrochen worden. Der Bootsanleger führt ins Nichts. Das Wasser des Crooked Creek ist verschwunden. Der Shop ist geschlossen, die Schilder sind verrostet. Wasser fließt nur noch in den hunderte von Metern entfernten Flüssen Missouri und Musselshell River.

Sigurd zeigt mit dem Finger in die Ferne und flüstert: „Schau mal dort …“

In einhundert Metern Entfernung steht ein Mann in Uniform am Ufer des Musselshell Rivers, kaum erkennbar durch seine Tarnung. Chayton greift nach seinem Revolver in seinem Rucksack, bereit für den Fall, dass es sich um einen ihrer Verfolger handeln sollte. Aber der Mann verschwindet unversehens im Dickicht des Flussufers.

Ein beklemmendes Gefühl überkommt sie, als ihnen klar wird, dass dieser abgelegene Ort ideal wäre, um Sigurd zu entführen und Chayton zu töten. Die Crooked Creek Campinganlage ist ihnen unheimlich. Sie sind sich einig darin, diesen Ort schnell zu verlassen.

Ein riesiges Transportflugzeug der US-Airforce donnert über sie hinweg. In Montana befinden sich viele der mit Atomwaffen bestückten Interkontinentalraketen, die im Ernstfall auf Russland abgefeuert werden können. Sigurd stellt sich vor, wie sich der Silo öffnet und eine fast zwanzig Meter lange Rakete mit Höllenlärm die Abschussrampe verlässt, bevor sie in einem weiten Bogen Richtung Nordwesten verschwindet. Die Stille wird auch immer wieder durch den Überschallknall von Jagdbombern der Air Force unterbrochen.

Hinter der Fred Robinson Bridge folgen mehrere Meilen durch Prärie- und Weideland mit Blick auf die Berge der Little Rocky Mountains, die wie Inseln im Meer aus der Hochebene emporragen.

Die Fort Belknap Reservation wurde 1888 im zentralen, nördlichen Teil Montanas gegründet. Sie wird von zwei Stämmen bewohnt: den Gros Ventre und den Assiniboine (Nakota). Fort Belknap Agency ist der größte Ort im Reservat mit etwa 1.300 Einwohnern. In nordwestlicher Richtung ragen die gewaltigen Bear Paw Mountains mit ihren mehr als 2.000 Meter hohen Bergen in den Himmel. Die weißen US-Amerikaner haben die Little Rocky Mountains bei der Grenzziehung des Reservats nicht berücksichtigt, obwohl die Indianer dort ihre Zeremonien abhielten und der Boden für sie heiliger Boden war. Als man Gold und Silber in den Bergen fand, wurde alles getan, um die Gros Ventre und Nakota von dort fernzuhalten.

Lodge Pole bietet einen Blick auf die Nordseite der Little Rocky Mountains. Ein durchsiebtes Schild warnt: *Stop Ahead!*

Ein Fahrzeug nähert sich ihnen mit einem Wahnsinnstempo. Chayton beunruhigt dieses Auto derart, dass er nervös hinter dem Steuer sitzt und wie gebannt das näherkommende Auto beobachtet. Das Fahrzeug rast an ihnen vorbei. Chayton seufzt erleichtert.

Sein Mobiltelefon vibriert. Er schweigt und lauscht gespannt. Ein breites Grinsen huscht über sein Gesicht.

„Wir fahren nach Zortman", sagt er ruhig. „Ron ist überzeugt, dass wir nicht mehr verfolgt werden."

Ihre Blicke treffen sich. Beide wissen, dass die Gefahr durch die Russenmafia weiterhin besteht. Doch sie wissen auch, dass Zortman direkt vor ihnen liegt: ein Ort voller Hoffnung und Herausforderungen.

Zortman liegt in einem tiefen Tal, hinter Bäumen verborgen. In dieser Gebirgslandschaft wirkt die Ansiedlung friedvoll und lauschig. Sigurd ist aufgeregt. Er ist angekommen. Hier muss man ihn erst einmal finden. Ein Verkehrsschild weist auf die erlaubte Geschwindigkeit von 20 Miles/h hin. Chayton schüttelt den Kopf und stoppt den Ford Mondeo vor dem Zortman Motel & Garage.

Kathy und Kevin Kajal sind die Besitzer und begrüßen sie mit einem routinierten Lächeln. Kevins faltige Augenbrauen wirken wie ein Drahtgeflecht, in dem sich Tierhaare verfangen haben. Sein Mund ist hart und schmal. Die beiden stellen keine Fragen und drücken ihnen auch keinen Meldezettel in die Hand.

Das Mobile Home Nummer 14 steht hinter dem Hotel und sieht etwas ramponiert aus. Sie gehen einige Stufen hinauf und stehen auf der Veranda des Mobile Homes, die mit durchgerosteten Moskitogittern verkleidet ist. Die Eingangstür hat sich etwas gelöst und hängt windschief am Türrahmen. Chayton öffnet die Tür nach außen. Modergeruch strömt ihnen entgegen. Auf einem Tisch steht ein rußgeschwärzter Warmwasserkocher, auf einem Gaskocher eine verblichene rote Kaffeekanne. Die Regale sind mit Konservendosen gefüllt. Am Kopfende steht ein frisch bezogenes Bett, davor zwei Stühle und eine Kommode. Nach links gelangt man in einen zweiten Raum, der ähnlich ausgestattet ist. Zwischen den beiden Räumen befindet sich der Waschraum und die Toilette.

Bald sitzen sie auf klapprigen Campingstühlen vor ihrer Unterkunft. Kevin erzählt ihnen von Zortman. Sie erfahren, dass Oliver Peter Zortman etwa um 1890 Namensgeber der Ortschaft war. Pete betrieb eine Mühle, die minderwertige Erze verarbeitete. Damals wurden zahlreiche Minen in die Berghänge getrieben. Die wohlhabendste war die Ruby Gulch im Jahr 1904, die Goldbarren im Wert von bis zu 14.000 US-Dollar pro Tag produzierte. Trotz eines katastrophalen Brandes im Jahr 1912 wurde in der Mine noch bis zum Ersten Weltkrieg nach Gold geschürft. In den 1930er-Jahren wurde die Little Ben Mining Company gegründet und die Ruby Gulch Minen wieder in Betrieb genommen. Im Jahr 1936 kam es zu einem weiteren verheerenden Waldbrand in den Little Rocky Mountains, der den Großteil des Bergbaubetriebs zerstörte, aber anschließend wieder in Betrieb genommen wurde. Heute betreibt die Firma Golden Slumbers die Zortman Slam Goldmine, eine Mine etwa in der Größe der früheren Ruby Gulch.

Kevin ist stolz darauf, in Zortman-Landusky einen kleinen Gold-Claim zu besitzen. Seine Augen blitzen vor Zorn auf: „Die Indianer der Fort Belknap Reservation versuchen, durch schmutzige Tricks wieder in den Besitz der Little Rockies zu gelangen. Die Stammesführer meinen, dass durch den Goldabbau erhebliche Umweltschäden entstehen, die eine Gefahr für das Wasser und die Böden im Reservat darstellen. Sie fordern, dass der Staat die Kosten für die Sanierung der Minenabwässer übernehmen muss. Wahrscheinlich über einen Zeitraum von mehreren Jahrzehnten. Jetzt haben sich auch noch Anträge beim Innenministerium auf Untersuchung der verseuchten Gebiete gestellt. Sie wissen ganz genau, dass sie damit die Minen in ihrer Existenz bedrohen.“

Chayton schüttelt verständnislos den Kopf, verschwindet im Trailer. Ein Indianer fährt mit einem Pickup vor und begrüßt Kevins Tochter lachend mit einem Handshake Arm Wrestle.

Die Tage verstreichen für Sigurd auf seltsam verschwommene Weise, als wäre er plötzlich inmitten einer imaginären Kinovorstellung gefangen. Er fühlt sich, als würde er die Hauptrolle in einem Stummfilm aus den 1920er Jahren spielen. Bei einer wilden Verfolgungsjagd durch staubige Straßen in einem verlassenen Westernstädten hetzen Gangster hinter ihm her, Kugeln fliegen durch die Luft und Granaten detonieren mit ohrenbetäubendem Lärm. Eine Flut von Blut ergiesst sich über die Toten und Verletzten, während er verzweifelt versucht, dem tödlichen Überfall zu entkommen.

Mit diesen schaurigen Gedanken spaziert er im hellen Sonnenschein durch Zortman. In diesem idyllischen Dorf mit seinen etwa

60 Einwohnern fühlt er sich nicht nur wohl, sondern auch sicher. Verfallene Blockhäuser aus einer vergangenen Zeit kontrastieren mit den schroffen, hoch aufragenden Felswänden. Die Sandstraßen sind staubtrocken. Mobile Homes und ehemalige Bergarbeiterbaracken stehen zwischen neu gebauten Häusern. Auf dem Dorfplatz steht das weiß getünchte ehemalige Gefängnis, das nicht größer als ein Holzschuppen ist. Die elegante, schlichte Saint Josephs Catholic Church thront hoch über der Ansiedlung. Es weht ein trockener Südwestwind. Ein Sandweg führt ihn zu einer Reihe von Holzhäusern, die mit Schindeln belegt sind.

Sigurd schaut sich um. Zortman gefällt ihm wegen der Achtlosigkeit gegenüber materiellen Dingen. Niemand protzt, nichts ist aufgeräumt, alles wirkt provisorisch, als ob der Geist der Goldsucher noch über allem schwebt. Alte Reifen liegen auf einem Haufen neben verrosteten Autos und deformierten Autofelgen. Rechts führt die Straße zu einem schmalen, ausgetrockneten Bach. Kieselsteine glitzern im Flussbett.

Der Miner's Club könnte einem Western entsprungen sein. Der Barmann im Miner's hat rötliches Haar und ein freundliches Gesicht, das Ruhe und Gelassenheit ausstrahlt. Zwei Männer stehen an der Bar, trinken Bier und unterhalten sich angeregt. Die beiden wirken wie Figuren aus einem vergilbten Fotoalbum der Westernzeit.

Der Barmann schaut Sigurd neugierig an und fragt: „Kann ich dir helfen?"

„Wo kann ich hier Waffen kaufen?"

„Bei uns gibt es keine Waffen zu kaufen, weil jeder genug davon hat. Aber frage mal im Hardware-Store nach ... eine Meile die Straße rauf."

In dem Hardware-Store sitzt eine Frau mit einer hellblauen Jacke hinter dem Ladentisch. Als Sigurd nach Waffen fragt, legt sie ihm einen Waffenprospekt auf den Tresen.

„Wir können alles bestellen. Es genügt, ein paar Formulare auszufüllen."

Sigurd geht durch den Laden und zeigt auf Dinge, die er kaufen möchte. Die Verkäuferin schreibt alles auf. Waffen sind nicht dabei.

Am frühen Morgen leuchtet der Himmel über Zortman in einem hellen Blau. Sigurd beobachtet neugierig eine Gruppe von Mädchen, die um Kevin herumstehen. Kevin erklärt einer Mädchengruppe des FBC (First Baptist Church) Mission Teams aus McMinnville, Tennessee, wie man Gold wäscht. Mit einem Spaten holt er Steine, Sand und Geröll aus einem Gesteinshaufen und schüttet das Gemisch auf ein Sieb. Danach schaufelt er die gesiebten Mineralien in eine kleine Wanne. Der Boden der Wanne ist ebenfalls mit einem Sieb versehen, darunter ist eine Art Teller befestigt. Er wäscht das Gestein, wodurch nur die feineren Materialien in den Teller gespült werden. Daraufhin taucht er den Teller in klares Wasser und rüttelt und schüttelt ihn, bis nur noch die feinsten Steinkörner, im besten Fall natürlich Goldnuggets, übrigbleiben.

Chayton und Sigurd besuchen den Zortman Friedhof, der idyllisch in einem Kiefernwäldchen liegt und von einem verrosteten Eisenzaun umgeben ist. Teilweise sind die Grabanlagen verwittert. Ein Kojote streift durch das dichte Unterholz. Ein Gedenkstein erinnert an Leonard G. White, der am 24. April 1991 im Alter von 27 Jahren im Goldbergbau ums Leben kam.

20. CHAYTON. SARAH TURNBULL

Sie sind sie im Miner's Club mit Sarah Turnbull verabredet, einer Assiniboine aus der Fort Belknap Indian Reservation. Sigurd erfährt, dass sie sich für die Rechte der Ureinwohner einsetzt, aber auch Teil des Teams ist, das seinen Identitätswechsel organisiert.

Chayton erzählt mit rauer Stimme, dass Sarah vor zwei Jahren in Glasgow, Montana von einer Gruppe weißer Rechtsradikaler überfallen und brutal zusammengeschlagen wurde. Zufällig kam eine Gruppe junger Indianer gerade von einem Musikfestival, unter ihnen Chayton, und rettete ihr dadurch das Leben.

Die Schlägertruppe wurde vor Gericht gestellt und auch verurteilt, aber so mild, dass die Bandenstruktur bestehen blieb. Keith Barett, ein amerikanischer Nazi, hatte sich danach an ihre Spitze gestellt und das brutale Vorgehen gegen Indianer, Schwarze, Linke oder Homosexuelle in der Tradition aller Rechtsradikalen fortgesetzt. Es wird vermutet, dass Baretts Bande unzählige Waffen und Munition für einen zukünftigen Bürgerkrieg hortet. Inzwischen sind auch die Behörden des Bundesstaates Montana alarmiert. Trotzdem kümmert sich niemand wirklich um diese marodierenden rechtsradikalen Banditen, weil bestimmte politische Gruppen kein Interesse daran haben.

Wenige Minuten später betritt Sarah das Miner's mit schnellen Schritten. Sie hat ihr dunkles Haar hochgesteckt. Zwei kleine Tupfer Rouge betonen Ihre Wangenknochen. Sie trägt eines der kurzen Kleider, die momentan in Mode sind. Es hängt von den Schultern herab und endet kurz über den Knien. Chayton wird von ihr mit einem milden Lächeln und zwei Wangenküssen begrüßt. Sie wendet sich Sigurd zu, blickt ihn aufmerksam an, bis ihr Lächeln breiter wird und auf einem der Zähne ein roter Lippenstiftfleck zu sehen ist. Es brandet ein kurzes, nervöses Gelächter auf, kleine Berührungen zwischen Chayton und Sarah machen Sigurd klar, dass die beiden ein Paar sind.

Sie beschließen, eine Wanderung zu den Minen zu machen. Die Luft ist klar. Es weht ein frischer Wind. Die Wege führen bergauf und bergab, sie stolpern durch ein steiniges, ausgetrocknetes Flussbett. Das Tal ist von betörender Schönheit, die Hügel sind dicht bewaldet, dazwischen ragen bizarre Felsformationen in den azurblauen Himmel.

Sigurd blickt Chayton mit einem durchdringenden Blick an. Seine Stimme klingt leise, fast flüsternd, als er ihn fragt: „Wie geht es nun weiter?"

Chayton zögert einen Moment, bevor er antwortet: „Wir müssen geduldig sein. Sobald die Gelegenheit besteht, den Identitätstausch vorzunehmen, werden wir handeln. Mein Onkel wird mich umgehend benachrichtigen, sobald es so weit ist. Es kann morgen sein oder erst in 14 Tagen."

Sigurd lächelt verbittert. Die Verzögerung drückt schwer auf ihn. Er bittet seine Begleiter, sich auf den Rückweg nach Zortman zu machen.

21. Zortman Slam Goldmine

Nach dem Gespräch mit Kevin Kajal recherchierte Sigurd im Internet, dass die Minen in den Little Rocky Mountains seit 1982 durch Zyanidausflüsse die Umwelt wahrscheinlich für Jahrhunderte vergiftet haben. In den späten 1970er-Jahren begannen Unternehmen wie die Zortman Slam Goldmine, große Mengen minderwertiger Erze mit Zyanid zu behandeln, um Gold zu gewinnen. Dabei verwendete man einen alten Alchimistentrick, tödliches Zyanid auf ein Stück Gestein zu träufeln, um dessen versteckte Goldvorräte auszubrennen. Die Goldminen wurden mit Arsen, Kadmium, Chrom und Kupfer kontaminiert. Im Laufe der Jahre kam es zu einer Vielzahl von Zyanidfreisetzungen. Es handelte sich um Leckagen, in denen sich Auslaugungsflächen bildeten, durch die Zyanid und Schwermetalle in Bäche, Grundwasser und Brunnen gelangten. Während das Zyanid an der Oberfläche in harmlose Formen zerfällt, die weniger schädlich sind, bleibt es im Grundwasser als eines der stärksten bekannten Gifte bestehen. Nicht nur die Little Rocky Mountains waren betroffen, sondern auch das Fort Belknap Reservat sah sich mit den Schrecken der Verschmutzung konfrontiert. Mehrere Flüsse in der Reservation wurden mit Zyanid und saurem Grubenwasser verseucht. Experten analysierten, dass die Wasserverschmutzung so gravierend ist, dass die Aufbereitungssysteme für eine unabsehbare Zeit betrieben werden müssen.

Es scheint, als ob ein düsterer Fluch über der Minenlandschaft der Little Rocky Mountains lastet, entstanden aus dem Betrug an den Native Americans, die hier einst im Einklang mit der Natur lebten. Das Edelmetall wurde zum Sinnbild für die Gier und Zerstörungswut der Goldgräber. Für Sigurd wirkt es, als ob die Geister der Vergangenheit über diesem Land schweben, traurig über das Schicksal, das die einst so blühende Flora und Fauna ereilt hat. Es kommt ihm aber auch so vor, als ob die Natur selbst gegen die Eindringlinge kämpft und sich mit aller Kraft gegen die Zerstörung wehrt, um den ursprünglichen Eigentümern dieses einstigen Paradieses ihre Heimat zurückzugeben.

22. Chayton. Great Falls. Montana

Der Geldautomat in Zortman ist defekt. Der nächste steht in Malta, Montana. Es ist an der Zeit, Geld abzuheben, da Sigurd das

Bargeld ausgeht. Er ist der Meinung, dass sie besser in das 200 Meilen entfernte Great Falls fahren sollten, um dort an einem Bitcoin-Automaten Geld abzuheben. Chayton erklärt sich bereit, mit seinem Onkel darüber zu sprechen.

Am nächsten Morgen hängt eine dicke Wolkendecke über dem Himmel, doch die Wärme der aufgehenden Sonne lässt die Temperaturen schnell ansteigen. Chayton teilt Sigurd während ihres gemeinsamen Frühstücks mit, dass Ronald keine Einwände gegen ihre Tour nach Great Falls hat, da ihr Unternehmen noch etwas Zeit in Anspruch nehmen würde. Trotz seiner Zustimmung warnt er sie eindringlich, stets wachsam zu bleiben und jede verdächtige Begebenheit aufmerksam zu beobachten. Er schlägt vor, ausschließlich abseits der Hauptstraßen zu fahren und unterwegs in abgelegenen Ortschaften die Nacht zu verbringen, um herauszufinden, ob sie noch immer im Visier ihrer Verfolger sind. Falls Sie den leisesten Zweifel haben, sollten Sie die Tour sofort beenden.

Chaytons Ford Mondeo ist startklar. Ein Hauch von Abenteuer liegt in der Luft, als die beiden sich auf den Weg nach Great Falls machen. In der Picknick-Area des Campingplatzes besorgen sie sich Trinkwasser, quellfrisch aus den Little Rocky Mountains. Bogenschützen tragen in den Wäldern einen Wettkampf aus. Die Schützen bewegen sich wie Schattengeister zwischen den Bäumen hin und her.

Hinter den Little Rocky Mountains erstrecken sich die Weiten der nordamerikanischen Prärie. Chayton betrachtet die Landschaft mit einem Ausdruck der Ehrfurcht und meint, dass diese surreale Landschaft für ihn jenseits des sinnlich Erkennbaren liegt. Sigurd nickt zustimmend, obwohl er die Bedeutung der Worte nicht vollständig versteht.

Eine verstümmelte Klapperschlange liegt am Straßenrand, Kopf und Rassel wurden abgeschnitten. Der Ford kriecht einen Hang hinauf. Die Motorengeräusche versetzen Sigurd einen gehörigen Schrecken, während Chayton sein Auto stoisch und ohne eine Miene zu verziehen, auf die Anhöhe steuert.

Von einem Hochplateau aus betrachten sie ehrfürchtig das wilde Tal des Missouri Rivers. Majestätisch erheben sich im Süden die mächtigen Little Belt Mountains, noch imposanter als die Little Rocky Mountains. Einige Rinder grasen friedlich auf den trockenen Weideflächen. Während der Fahrt auf der staubigen Sandstraße begegnen sie nur einem einzigen Fahrzeug. Chayton ist nervös, aber auch er kann sich nicht vorstellen, dass sie hier in den endlosen Weiten Montanas gekidnappt werden könnten.

In der Einsamkeit steht eine Ranch, die auch in ihrem verlassenen Zustand natürliche Würde ausstrahlt. Ein alter Ford rostet vor sich hin und ist fast vollständig überwuchert. Die Fahrt durch die Prärie, Felder und Wiesen ist zäh, da die flache Landschaft kaum Abwechslung bietet. Plötzlich nähern sich zwei Fahrzeuge, die eine gewaltige Staubwolke hinter sich herziehen. Chayton greift nach seinem Rucksack und beobachtet die Autos mit gespannter Aufmerksamkeit. Die beiden Pickups rasen kurz hintereinander an ihnen vorbei, woraufhin Chayton vorsichtshalber auf den Seitenstreifen fährt. Sigurd und Chayton nicken sich zu. Es scheint, als hätten ihre Verfolger in den Weiten Montanas die Beschattung aufgegeben.

6

Winifred, Montana, ist eine kleine Siedlung mit nur 160 Einwohnern, die 1913 als Endpunkt einer neuen Eisenbahnlinie der Pacific Railroad gegründet wurde. Sie übernachten in der Old Bank Lodge und sind die einzigen Gäste. Chayton erledigt die Formalitäten. Sigurd bemerkt, dass er den Meldezettel nur mit seinem Namen ausfüllt. Der ältere Herr an der Rezeption verzieht keine Miene, als

Chayton ihm das Formular auf einem 20-Dollar-Schein über den Tresen schiebt.

In der Montana Tavern bestellen sie Bier. Paul Seiler spricht sie an, ein Getreidehändler, wie sie bald erfahren. Paul raucht filterlose Zigaretten, seine Augen sind blutunterlaufen und sein Gang ist schleppend. Chayton spricht ihn auf die zahlreichen verfallenen Farmen an. Paul antwortet lakonisch: „Manche schaffen es, andere nicht."

Er beginnt schon bald zu politisieren. Die Demokraten und die Republikaner sind Verbrecher, die Banker und Manager sind alle Betrüger. Sie brauchen eine zweite Revolution in den Vereinigten Staaten. In der Nacht hören sie das Heulen von Kojoten. Die Hunde des Ortes reagieren wild bellend. Am frühen Morgen kräht ein Hahn. Die Luft ist trübe. Es herrscht eine Temperatur von 20 Grad Celsius.

Von Winifred bis Judith Landing am Missouri River fahren sie durch Weizenfelder, die sich bis zum Horizont erstrecken. Heuschrecken flattern mit ihren Flügeln wie Schmetterlinge. Bei Gefahr ändern sie ihre Farbe und klappern wie Klapperschlangen. Chayton stoppt mitten auf der Straße. Vor ihnen liegt eine Klapperschlange auf der Straße. Auch tot sehen diese Schlangen immer noch gefährlich aus. Sigurd prallt zurück, als Chayton sein Messer zückt und die Rassel abtrennt.

Der Missouri River fließt breit und schnell am Historic Point Judith Landing vorbei. Kajakfahrer verstauen ihre Boote in einem Anhänger. Ein sanfter Wind weht durch einen Pappelwald. Sigurd und Chayton unterhalten sich mit zwei Anglern aus Lewistown. Einer von ihnen ist ein Blackfoot. Die beiden versichern, nirgendwo anders als in Montana leben zu können, und dass es nichts Schöneres gibt, als zu Fischen und Jagen.

Ein Motorboot fährt vorbei, um dann an der Boatramp anzulegen. Neugierig gehen sie zum Anleger, wo sie mit Bill Marsiala ins Gespräch kommen. Sie erfahren, dass er mit seinem Boot Touren auf dem Missouri bis zum Coal Banks Landing durchführt. Bill fragt sie, ob sie nicht Interesse an der Flusstour haben. Er verspricht ihnen ein einmaliges Erlebnis. Ein Teammitglied wird ihr Fahrzeug nach Coal Banks Landing bringen. Chayton und Sigurd stimmen zu.

Bill startet den Motor. Das Boot zittert, der Boden vibriert. Das Boot schaukelt leicht vom Bug zum Heck, als würde es seine Stabilität testen. Mit dem Motorengeräusch gehen auch Sigurds Gedanken auf Reisen, tauchen ein in die Einsamkeit der White Cliffs im Upper Missouri River Breaks National Monument. Das Flusswasser singt unter dem Knickspanter ein geheimnisvolles Lied. Es sind geisterhafte Klänge, als würde sie ein Schamane auf ihrer Tour begleiten.

Sie erfahren, dass Bill der Einzige ist, der die Lizenz für diese Bootstour auf dem Missouri River besitzt und dass diese durch eine der interessantesten und faszinierendsten Landschaften Montanas führt. Kurze Zeit später erreichen sie den Judith-River, der mit mehreren seichten Mündungen am südlichen Ufer in den Missouri fließt. Zehn Meilen flussaufwärts erstreckt sich der Arrow Creek zwischen ansehnlichen, mit graugrünem Gras bewachsenen Höhen und kriechendem Wacholder. Die Prärie breitet sich vor den Bergköpfen sanft zum Fluss hin aus. Einige Bergschafe streifen über die Hügel.

Das Motorboot kämpft gegen die Strömung an, vorbei an einer düsteren, in Kuben zerspaltenen Formation, die an eine gotische Kapelle erinnert. Plötzlich tauchen neue, weiße und geisterhafte Feenschlösser auf. Eine andere Schicht aus Sandstein wirkt wie eine zerstörte Festung oder ein Kastell. Sigurd hat das Gefühl, als ob er auf Säulen, große Kugeln oder Tischplatten mit schmalen runden Pfeilern blickt, die Türmchen, Kanzeln, Orgeln und Kirchen mit zwei zugespitzten Türmen darstellen. Er schließt die Augen und atmet tief durch, um sich das Bild für immer einzuprägen.

Bill legt am linken Ufer des Missouri River an. Sie wandern zum Hole in the Wall. Manchmal sind sie gezwungen, zu klettern. Die Sandsteinformation, die sich hoch über dem Fluss erhebt, wurde im Laufe der Jahrhunderte durch Erosion zu einem riesigen Loch geformt. Die Aussicht vom Gipfel eröffnet Ihnen einen atemberaubenden Blick auf die Hügellandschaft der Missouri River Breaks. Sigurd fühlt sich inmitten der Sandsteingebilde wie in einem alten französischen Garten aus dem 19. Jahrhundert, in dem Urnen, Obelisken, Statuen und kunstvoll beschnittene Hecken und Bäume die Besucher zum Staunen bringen. Die auf Stielsteinen ruhenden, häufig kolossalen Kugeln oder Platten sind teilweise zerbrechlich und mürbe und mit Löchern und kesselartigen Vertiefungen versehen. In den Zedernbüschen girrt ein kleiner grüner Laubfrosch wie eine Operettendiva. Kakteen gedeihen jenseits der Steinmauern. Davor blühen die hübschen Mentzelien mit ihren schneeweißen Blüten.

Bill startet den Motor mit Getöse. Sie legen ab, die Strömung kann sie nicht aufhalten. Die mysteriösen Geräusche des Wassers, die verborgenen Rohre und Schläuche des Motorboots beunruhigen Sigurd ebenso wie das Zittern der Maschine und die Schieflage des Horizonts. Das Rauschen des verdrängten Wassers ist fast rhythmisch und klingt wie das Knistern von Pergamentpapier. Die Kraft des Motors wird durch eine Technik erreicht, die Sigurd nicht versteht.

Sie entspannen sich auf den gepolsterten Rücksitzbänken und lassen ihren Schweiß von der Sonne trocknen. Bill ist in Plauderlaune. Er verachtet das amerikanische Establishment und beklagt, dass die amerikanischen Werte verloren gingen. Das Fernsehen macht die Menschen dumm. Die Umwelt wird zerstört, um Profit zu erzielen. Die Reichen werden immer reicher, während die Armen immer ärmer werden.

Plötzlich scheint der Missouri durch eine enge Pforte zu fließen, indem er eine Wendung um einen am südlichen Ufer gelegenen, schwarzbraunen, rauzackigen, turmartigen Kegelfelsen macht. Der Citadel Rock besteht aus Tonschiefer, Grauwacke und Steinbrocken, die mit dem südlichen Ufer zusammenhängen.

Bald darauf erreichen Sie den Eagle Creek am nördlichen Ufer. Hohe Pappeln ragen an der Mündung des Flusses empor. Ein Adler und mehrere Kolkraben fliegen hastig davon, als sich das Motorboot nähert. Der große Kanadareiher flüchtet mit schwerem Flügelschlag über das Wasser.

An einem ausgetrockneten Bach legen sie an und steigen die Uferhöhen hinauf. Auf dem Plateau ist der Boden hart und weißgrau. Das gelb blühende Milzkraut wächst zwischen den Korbblütlern in der Prärie. Heuschrecken sind so zahlreich, dass der Boden mit ihnen bedeckt ist. Zirruswolken ziehen über die Ebene hinweg.

Sigurd betrachtet den Fluss wie ein Schauspieler, der sich ein Theaterstück anschaut, in dem er nicht mitspielt. Eines weiß er sicher, dass der Fluss sie nicht braucht. Er muss laut auflachen, als Chayton in den Missouri springt, untertaucht und einige Schwimmzüge nach Indianerart macht.

Eine halbe Stunde später fährt Chayton auf der Schotterpiste der Virgelle Ferry Road von Coal Banks Landing nach Big Sandy, Montana. Rotwild grast auf Wiesen und Feldern. Ein Kojote hetzt über den Weg. Der Himmel ist weißgrau. Ein weites, idyllisches Tal erinnert an eine Welt, die noch nicht entdeckt wurde. Kein Mensch ist unterwegs. Im fahlen Licht des sich neigenden Tages erheben sich die dunklen Bear Paw Mountains in den Abendhimmel.

Sie übernachten im Z's Motel in Big Sandy. Die Räume sind schlicht und sauber und werden überwiegend von Leuten auf Montage oder Vertretern gebucht. Chayton füllt erneut die Meldeformulare aus. Big Sandy ist ein Städtchen mit lediglich 700 Einwohnern. Der Ort wird durch die mächtigen Getreidespeicher entlang der Bahnlinie geprägt.

Mit der Virgelle Ferry setzen sie über auf die Südseite des Missouri River. Der Himmel glänzt zwar strahlend blau, aber es weht ein starker Wind. Chayton fährt auf der Hochebene mit 20 Meilen/h über die Schotterstraße der Loma Bridge Road durch endlose Weizenfelder. Abgesehen von den sanften Hügeln, die den Missouri begrenzen, ist die Landschaft flach.

Chayton ist angespannt, als ein Pickup mit einem Motorboot auf dem Anhänger zum Überholmanöver ansetzt. Nervös greift er nach seiner Waffe. Aber es geschieht nichts Unerwartetes.

Plötzlich muss er um große Wasserpfützen herum manövrieren. Ein weiterer Pickup steuert direkt auf sie zu, um dann über ein Feld vorbeizurauschen.

Der Ford heult auf und die Räder drehen sich im schlammigen Untergrund, bis sie schließlich stecken bleiben. Während Sigurd kräftig schiebt, fährt Chayton immer wieder kurz vor und zurück, bis die Reifen endlich wieder festen Boden unter sich finden. White-Tail Deers schauen neugierig von den abgeernteten Feldern aus zu. Chayton atmet erleichtert auf. Er ist sich inzwischen ganz sicher, dass ihnen bis hierher niemand gefolgt ist. Doch die Anspannung bleibt bestehen, während sie weiter durch die einsamen Weiten Montanas fahren.

In Great Falls regnet es in Strömen. Der Autoverkehr stockt. Chayton ist schlecht gelaunt und flucht: „Das war keine gute Idee von dir, nach Great Falls zu fahren, nur um an einem Bitcoin Automaten Geld abzuheben."

Sigurd nestelt ein zerknittertes Werbeprospekt aus seiner Jackentasche und liest vor: „Quad Coin Bitcoin ATM, Great Falls. Nutzen Sie unseren Geldautomaten mit 24/7-Kundendienstunterstützung. Setzen Sie sich mit unseren Mitarbeitern in Verbindung, nicht mit einem Band. Unsere Automaten sind leicht zu bedienen und stehen Ihnen in Tankstellen, Restaurants und anderen Geschäften zur Verfügung."

Feuerwehrfahrzeuge rasen vorbei, glänzend rot und blitzblank geputzt. Die Löschfahrzeuge stoppen abrupt vor einem Bürogebäude. Feuerwehrleute mit ihren schwarzen und gelben Schutzanzügen und roten Helmen entrollen die Druckschläuche mit geübten Händen. Ihre Gestalten verschmelzen mit dem Rauch, das dem Gebäude entweicht. Sirenen kreischen in einer dissonanten Symphonie, die sonnengelben Warnlichter tanzen hektisch um sich selbst. Ein Feuerwehrmann zerschlägt eine Fensterscheibe und dichter, schwarzer Rauch entweicht wie ein Flaschengeist.

Sie fahren weiter, von Kreuzung zu Kreuzung. Immer nach dem gleichen Ablauf: Rot. Gelb. Grün.

Chayton flüstert: „Sigurd, dreh dich nicht um. Ein gelber Pontiac folgt uns seit einiger Zeit. Egal, welchen Weg wir einschlagen, sie bleiben hartnäckig an uns dran. Ich bin mir sicher, dass wir verfolgt werden."

Sigurd starrte Chayton mit weit aufgerissenen Augen an, Panik in seinem Blick.

„Wie zur Hölle haben die uns gefunden? Wir waren uns doch so sicher, dass wir sie abgeschüttelt haben."

Chayton schaut ihn ernst an.

„Es gibt keine Sicherheit, mein Freund“, antwortet er mit ruhiger Stimme. Wir müssen klug sein und einen Ausweg finden. Komm, lass uns überlegen, wie wir diesen Leuten entkommen können.“

Sigurd liest die Straßenschilder: Central Avenue. 18th Street South. Aus einem unterirdischen Abzugsgraben tritt weißlicher Dampf aus. In einer ruhigen Seitenstraße in der Nähe des Chowen Springs Park stellen Sie ihren Wagen ab. Sie überqueren einige Straßen und achten darauf, dass sie nicht über den aufgerissenen Asphalt der Bürgersteige stürzen. Ein Hubschrauber knattert über sie hinweg. Die grauen Wolken sind schnell unterwegs. Es hat aufgehört, zu regnen. Ein paar Jugendliche spielen Fußball, schießen lachend auf die Mülltonnen, dass es nur so scheppert.

Der Quad Coin Bitcoin ATM steht in einer traurigen Gegend zwischen einem asiatischen Massagesalon und einem Billigladen für Mode. Die Fassade besteht aus Blech, die Schaufenster sind in einem Eisenrahmen eingefasst. Der Verkehr der Straßenkreuzung wird durch eine Ampelanlage geregelt. Bogenlampen sorgen abends für Licht. Die Dächer der Häuser sind mit grauen Schindeln aus Aluminium verkleidet.

Eine Gruppe junger Männer starrt Chayton wütend an. Schimpfworte murmelnd, gehen sie an ihnen vorbei und verschwinden im City-Casino, ohne sich noch einmal umzuschauen.

Chayton stößt Sigurd an. Sigurd folgt seinem Blick zu einer Reihe parkender Autos vor dem Casino und sieht den gelben Pontiac, der auffällig zwischen den anderen Fahrzeugen steht. Nervös beobachtet er, wie drei Männer in dunklen Anzügen aus dem Auto steigen und Zigaretten rauchen, ohne sie weiter zu beachten.

Plötzlich summt Chaytons Mobiltelefon, es ist Ronald Richards. Chayton hört aufmerksam zu, sein Gesichtsausdruck wird ernst.

„Es ist soweit! Alles ist bereit! Unsere Aktion beginnt. Wir sollen sofort nach Zortman zurückkommen. Egal, ob wir verfolgt werden oder nicht.“

Chayton nickt entschlossen und steckt sein Handy weg. Er wirft einen letzten Blick auf den gelben Pontiac und sagt zu Sigurd: „Los, wir haben keine Zeit zu verlieren. Hol dir dein Geld und dann machen wir uns sofort auf den Rückweg."

Sigurd nickt. Er ist bereit für das Abenteuer, das vor ihm liegt. Die Spannung ist mit Händen zu greifen, als er den kleinen Laden mit dem Bitcoin-ATM betritt.

Der gelbe Kryptoautomat steht in einem kleinen Raum mit einem Erker im Eingangsbereich. Ein Polizeiauto rast mit eingeschalteter Sirene vorbei. Sigurd tippt auf das hell erleuchtete Display des ATM.

23. Chayton. Great Plains. Montana

Vor ihnen erstreckt sich die endlose Grassteppe der Great Plains, während sie bereits seit zwei Stunden unterwegs sind und über 100 Meilen hinter sich gelassen hatten. Gerade passieren sie Lewistown, Montana, und kein Pontiac, kein Range Rover fährt hinter ihnen her. Es gibt keine Hinweise auf eine Verfolgung. Sie sind allein auf der Straße.

Chayton legt seine Hand auf Sigurds Schulter.

„Du machst einen etwas verspannten Eindruck", sagt Chayton vorsichtig.

„Bist du nervös?"

„Wieso denkst du das?"

entgegnet Sigurd, während er weiter regungslos auf die vorbeiziehende Landschaft blickt.

Chayton verzieht das Gesicht.

„Ich an deiner Stelle wäre nervös."

Seine Stimme klingt seit der Nachricht von Ronald spielerisch, wie immer, wenn etwas Aufregendes geschieht.

Sigurd reagiert gereizt: „Du bist aber nicht an meiner Stelle."

Chayton antwortet lachend: „Du hast Recht. Und darüber bin ich auch nicht unglücklich."

Sigurd empfindet ihre Unterhaltung als kindisch, doch er denkt nicht weiter darüber nach. Er weiß inzwischen, dass Chayton die rare Fähigkeit besitzt, über die Widrigkeiten des Lebens zu lachen, und er bewundert ihn dafür.

Chayton fährt fort: „Aber ich bin dafür verantwortlich, dass unser Vorhaben gelingt. Daher werde ich für dich da sein, egal was geschieht."

Sigurd schaut ihn bewegt an, nimmt seine Hand und drückt sie fest: „Ich kann mir keinen besseren Beschützer vorstellen, Chayton."

Sigurd muss an Ronald Richards denken. Da er sich nicht erneut gemeldet hat, kann das nur bedeuten, dass die Vorbereitungen für seinen Identitätswechsel abgeschlossen sind. Als ob Chayton seine Gedanken lesen kann, informiert er Sigurd über die Details ihrer Aktion: „Die Leiche wurde bereits in die Zortman Slam Goldmine gebracht und für eine mögliche Obduktion vorbereitet. Wir zerstören den Stollenabschnitt mit Sprengstoff, aber so, dass es wie ein normales Minenunglück aussieht. Da es sich bei dem Toten um einen Ausländer handelt, ist eine DNA-Analyse durch die US-Behörden nahezu ausgeschlossen. Falls eine Identifizierung der Leiche erfolgt, dann anhand eines Zahnschemas. Wir haben sämtliche dafür notwendigen Vorkehrungen getroffen. Es ist wichtig, dass du dich auffällig verhältst und von den Minenarbeitern bemerkt wirst, wenn du die Mine betrittst. Einer unserer Männer, Michael Andrews, hat Donovan Bridges in deine Kleidung gesteckt. Vor der Sprengung wirst du mit Michael über einen Rettungsschacht verschwinden. Von da an gibt es keinen lebenden

Sigurd Paulsen mehr. Einzig und allein Donovan Bridges existiert noch. Bist du dir darüber im Klaren?"

Sigurd hört Chaytons Worten aufmerksam zu, während sich ein Gefühl der Unsicherheit in ihm ausbreitet. Die Details des Plans sind sehr präzise und die Konsequenzen sind ihm vollkommen bewusst: Er bekommt eine neue Identität und muss sein altes Leben hinter sich lassen und in einer Zukunft leben, die voller Unberechenbarkeit und Gefahren ist.

Er nickt mehrmals und antwortet mit fester Stimme: „Ja, ich bin mir dessen bewusst. Ich werde alles tun, um unseren Plan umzusetzen."

Chayton nickt zufrieden und legt seine Hand erneut auf Sigurds Schulter.

„Wir werden das gemeinsam durchstehen. Du bist ein Kämpfer, Sigurd, und du hast die Kraft, das alles zu überstehen."

Nach einer kurzen Pause fährt er fort: „Nach der Sprengung in Zortman versteckst du dich im Wohntrailer, bis wir dich abholen und in ein sicheres Versteck bringen. Hast du alle Details verstanden?"

Am Abend genießt Sigurd die frische Bergluft in den Little Rocky Mountains. Die Abgeschiedenheit Zortmans und die leuchtenden Sterne am Nachthimmel geben ihm die Energie, die er für diesen Coup benötigt. Er weiß, dass er in den Stunden, die vor ihm liegen, seine Ziele nicht aus den Augen verlieren darf. Zu viel steht auf dem Spiel.

24. Chayton. Joseph Conrad.Sarah. Zortman Slam Goldmine

In der Morgendämmerung machen sie sich gemeinsam mit Sarah auf den Weg zu den Goldminen. Die Stunde der Entscheidung ist gekommen! Es gibt kein Zurück mehr. Mitten im ausgetrockneten Flussbett steht ein Campingwagen, davor ein Pickup, auf dem eine Goldgräberausrüstung verstaut ist.

Chayton begrüßt einen etwa 40-jährigen Mann. Im Wohnwagen liegen Gewehre und Pistolen mit Munition bereit. Die Waffen sind in ihren Rucksäcken schnell verstaut. Joseph Conrad, ein erfahrener Goldgräber, wird sie zu den Minen begleiten. Joseph spricht ohne Punkt und Komma. Sigurd versteht kaum einen Satz, deshalb schaut er ernst, wenn Joseph ernst schaut, nickt, wenn Joseph nickt, lacht, wenn Joseph lacht. Chayton schaut Sigurd grimmig an, weil er diese Art von Unterwürfigkeit verabscheut. Joseph erzählt, dass er in Alaska und anderen Staaten der USA nach Gold und Silber schürft. Er ist ein professioneller Goldsucher, aber dadurch nicht reich geworden.

Der Weg durch das Flusstal ist mit seinen vielen Senken eine mühsame Angelegenheit. Joseph muss seinen Pickup immer wieder durch Wasserlöcher und kleine Bäche manövrieren. Die Böschungen sind teilweise eingestürzt. Das Fahrzeug röhrt mit heulendem Motor über die Hindernisse. Das weitgehend ausgetrocknete Flussbett mit seinen Kiesel- und Feldsteinen ist die Nahtstelle zwischen den Tälern und Hügelketten.

Je weiter sie in die Berge vordringen, desto überwältigender wird die Natur. Jeder Baum scheint die Geschichte der Little Rocky Mountains zu atmen, jeder Stein erinnert an entschlossene, todesverachtende Goldgräber. Aufgeschüttete Steinhaufen im und neben dem Flussbett sowie die vielen zugefallenen und zugemauerten Stolleneingänge zeigen, dass hier ehemals nach Gold gesucht wurde.

Joseph stoppt seinen Pickup einige hundert Meter vor dem Bergwerksgelände der Zortman Slam Mine. Während sich Sarah, Chayton und Sigurd auf den Weg zur Mine machen, bleibt Joseph zurück und wartet auf Anweisungen von Ronald Richards. Bereits von weitem ist das grellrote Warnschild zu erkennen: Zortman Slam Mine – Danger.

25. Zortman Slam Goldmine

Man erreicht das Bergwerksgelände der Slam Mine von Landusky aus über die Ritchie Street nach einer Meile. Über den rauen Asphalt dieser Straße rollen die Trucks und Pickups zu den Goldminen. Bulldozer und Bagger ächzen den Berg hinauf, um ihren Krieg gegen die Natur fortzusetzen. Die großen Fahrzeuge fahren einzeln oder in Kolonnen. Aus den hohen Fahrerhäuschen können die Fahrer die Tiere der Berge vor dem Motorenlärm flüchten sehen. Rebhühner fliegen hektisch davon, Maultierhirsche fliehen in die Wälder. Durch die Abgase wirkt die Natur wie erstarrt. Die mächtigen Reifen der Fahrzeuge wühlen die Seitenstreifen der Straße auf. Die Böschungen sind mit einem Ölfilm bedeckt, der alles Grün unter sich abgetötet hat.

Wenn die Fahrzeuge vor den Lagerhallen zum Stehen kommen, eröffnet sich den Fahrern die Aussicht auf einen beklagenswerten Ort. Alles ist von brackigem, rostbraunem Wasser überschwemmt. Drumherum liegen zerfledderte Autoreifen, zerbrochenes Holz, Fässer, Blechteile, Bänke, Öfen, zerstörte Schubkarren, Leitern, Schaufeln, Spaten, Brechstangen, Pumpenschläuche, öldurchtränkte Wattejacken, Fausthandschuhe und zerfetzte Siebe. Materialien, die bei der Suche nach dem wertvollen Edelmetall beschädigt wurden und nicht mehr verwendet werden.

Die baumlosen Berghöhen der Minen sind karg und traurig anzusehen, ziehen sich kilometerlang von Landusky bis nach Zortman hin. Entwurzelte Bäume sind den Hang hinuntergestürzt und vor einem ausgetrockneten Bach liegengeblieben. Daneben liegen eine umgestürzte Traktorenraupe und ein verrosteter Kran, dessen Farbe nur noch zu erahnen ist. An den Hängen wurden Stahlrohre und Betonpfähle in den Boden gerammt, um steckengebliebene Fahrzeuge freizubekommen. Die dafür benötigten Taue oder Ketten liegen ausgefranst und zerrissen über den Hang verteilt.

In der Nähe des Mineneingangs muss man aufpassen, dass die Stiefel nicht in einer klebrigen, tropfenden Brühe versinken. Ersatzteile für Werkzeuge und Maschinen sind in großen Kisten untergebracht. In einem Depot lagern Sprengstoff und Brennmaterial. Achtlos weggeworfene Konservendosen haben sich zu einem kleinen Haufen Blech aufgetürmt. Aus einer kleinen Wasserstelle ragen Zeltstangen, Betonteile und verrottete Bohrrohre in die Höhe, als ob sie um Hilfe bitten. Auf dem Wasser schwimmen Plastikflaschen und Plastiktüten, verfolgt vom Kadaver einer verwesten Ratte. In einem danebenliegenden Wasserbassin schlägt eine bräunliche Brühe Blasen wie bei heißen Quellen.

26. Deshwan Jankoff

Auf der Ritchie Street, im Eingangsbereich zum Minengelände, bricht plötzlich hektische Unruhe aus. Ein Ford Transit rast mit hoher Geschwindigkeit am offenen Schlagbaum vorbei. Wachleute fuchteln wild mit den Armen. Aufgewirbelter Schlamm spritzt hoch in die Luft.

Sarah, Chayton und Sigurd rennen den Hügel zum Mineneingang hinauf. Sigurd wirft einen angespannten Blick auf die vier bewaffneten Männer, die aus dem Transporter springen und ihnen folgen. Chayton spornt seine Gefährten mit lauten Rufen an: „Beeilt euch. Wir haben es gleich geschafft."

Nur noch zwanzig Meter trennen sie vom Eingang der Slam Mine. Schwitzend und keuchend erreichen sie den Eingangsbereich und schauen sich um – Sarah ist verschwunden. Chayton zieht hastig sein Gewehr aus dem Rucksack, setzt es eilig zusammen und schiebt das Magazin ein. Er hält die Waffe fest umklammert wie ein Desperado und feuert über die Köpfe der Verfolger hinweg.

Der Schuss durchdringt die Luft wie ein rollender Donnerschlag, der sich durch das zerklüftete Abbaugebiet und die umliegenden Wälder ausbreitet. Vögel fliegen in Todesangst davon und übertönen den Nachhall mit ihrem Flügelschlag. Eine Herde White-Tailed-Deers stürmt in wilder Panik über einen ausgetrockneten Gebirgsbach und flieht in ein abgelegenes Seitental.

Die Angreifer verstecken sich geschickt hinter den Serpentinen der Zufahrtsstraße. Auch sie schießen zur Warnung ein paarmal in die Luft. Eine raue, schrille Stimme ruft: „Не убивайте его. Он нужен нам живым."

Es folgt eine ratlose Stille. Dann auf Englisch: „Mein Name ist Deshwan Jankoff. Gebt auf und es wird euch nichts geschehen. Vertraut mir."

Erneute Stille.

Jankoff brüllt mit sich überschlagender Stimme: „Gebt auf! Der Indianer kann gehen. Wir haben nur ein paar Fragen an Sigurd Paulsen. Er weiß, warum."

27. Deshwan Jankoff. Maxim Ossipow. Valentin Katajev. Sergej Bajdin

Deshwan Jankoff, ein US-Amerikaner tschetschenischer Herkunft, wurde von der Russenmafia beauftragt, die Zugangsdaten zu Sigurds Bitcoin Konto zu besorgen und ihn anschließend zu beseitigen. Jankoff ist ein Mensch, der keinerlei Skrupel besitzt. Man kann ihn für jedes Verbrechen engagieren, egal, ob Mord, Entführung oder Erpressung. Er lebt in Florida und arbeitet für die russische Mafia in Kanada, USA und Mexiko. Normalerweise betreibt er sein mörderisches Geschäft allein. Aber im Fall des Deutschen war es für ihn auch kein Problem, dass ihn die drei europäische Mafiamitglieder unterstützen. Er hat das Kommando. Seine hohe Intelligenz unterscheidet ihn von seinen Begleitern.

Maxim Ossipow ist ein russischer Staatsbürger, der mit seiner dominierenden Art Macht und Aggression ausstrahlt. Sein skrupelloses Verhalten hat ihn in der Russenmafia weit nach oben geführt.

Valentin Katajev ist ein Belarusse, der zu unvorstellbaren Grausamkeiten fähig ist. Seine Hauptcharakterzüge sind Narzissmus und eine ausgesprochene Feindseligkeit gegenüber Frauen. Katajev ist nicht in der Lage, Liebe zu empfinden oder Beziehungen zu anderen Menschen aufzubauen. Er ist ein kaltblütiger Mörder. Aufgrund seiner psychopathischen Züge sind ihm Gewissensbisse fremd.

Sergej Bajdin stammt aus einem berüchtigten Stadtteil von Belgrad. Angst ist ihm fremd. Gewalt nicht. Bajdin hat Englisch studiert, aber das Studium nach seinem Eintritt in die Mafia abgebrochen.

28. Zortman Slam Goldmine. Michael Andrews. Donovan Bridges

Sigurd ist von dem Geschrei Deshwan Jankoffs wie gelähmt. Er blickt auf das riesige Gelände des Abbaugebietes. Sein Durchhaltewillen schwindet, während Stresshormone durch seinen Körper schießen. Plötzlich erscheint ihm die gesamte Aktion so undurchführbar, dass er kurz da vor ist, aufzugeben.

Zum ersten Mal in seinem Leben spürt Sigurd körperlich, dass die Gefahr des Todes nicht eine Erfindung von Schriftstellern oder Filmemachern ist. Seine Gedanken überschlagen sich und er erkennt in diesem Moment, dass er Grenzen überschritten hat, die sich einer rationalen Erklärung entziehen. Nur er kann sein Handeln erklären und ordnen, sodass es einen Sinn ergibt. Gedanken über die Leere seines Lebens überwältigen ihn. Gedanken, die er überwinden muss, um ein neues Leben zu führen. Ein Leben ohne Vergangenheit.

Sigurd wird sich bewusst, dass nur die tief in die Berge gegrabenen Stollen eine Chance für sein Überleben darstellen. Dort drinnen besteht die Möglichkeit, ein vergangenes Leben gegen ein neues zu tauschen. Plötzlich erscheint ihm die Landschaft wie ein Schlauch, der sich enger und enger zusammenzieht.

Chayton flüstert: „Lauf in den Polyportstollen zu Michael Andrews. Er wartet dort in der Werkstatt auf dich. Ich werde den Eingangsbereich sichern. Viel Glück, Sigurd!"

Sigurd zwingt sich, seine Gedanken in eine andere Richtung zu lenken. Er darf nicht aufgeben. Alles wäre umsonst gewesen, wenn er sich den Verfolgern stellen würde. Die russische Mafia würde Chayton und ihn liquidieren, wenn sie die Zugangsdaten zu seinem Bitcoin Konto aus ihm herausgepresst hätten. Da ist er sich sicher.

Weitere Schüsse hallen durch das Tal. Er kniet hinter einer der Loren, die das Golderz und den Abraum durch die unterirdischen Stollen transportieren. Er bemerkt plötzlich, dass etwas gegen seinen Rücken drückt. Als er hinter sich greift, fühlt er eine der Stützen, die den Eingangsbereich tragen. Er schaut sich die Stütze genauer an und bemerkt eine Kugel in dem Holzbalken. Zehn Zentimeter weiter hätte sie ihn getroffen.

Sigurd läuft durch den weitläufigen Mineneingang und folgt den Gleisen der Loren durch schmale, grob behauene Wege. Das Deckenlicht weist ihm flackernd die Richtung. Die Stollen werden durch mächtige Grubenstempel gestützt. Einige abgehende Gänge sind so niedrig, dass man dort nicht aufrecht stehen kann. Nach einigen Minuten erreicht er Polyport.

Er atmet schwer. Schuldgefühle plagen ihn. Der Gedanke, dass Sigurd Paulsen in diesem Bergwerksstollen für immer verschwinden wird, lässt ihn erschaudern. Ein unheimliches Gefühl der Beklemmung breitet sich in ihm aus, als er die massive Stahltür zur Werkstatt öffnet. Ein Indianer mit Schutzkleidung, Sicherheitsweste und Schutzhelm blickt ihn durchdringend an.

„Sigurd Paulsen?"

Sigurd hebt den Daumen: „Ja."

Der Indianer runzelt die Stirn und fragt weiter: „Was ist da draußen los?"

Sigurd schildert mit spröder Stimme den Angriff der Russenmafia und den anschließenden Schusswechsel, während er spürt, wie die Ereignisse des Tages immer mehr wie ein Albtraum vor seinen Augen vorbeiziehen.

Er schaut hoch zu den Lampen, als würde es ihn überraschen, dass das Licht brennt. Vorsichtig macht er ein paar Schritte in den Raum, bleibt dann aber abrupt stehen, als er zwischen den Grubenstempeln eine Leiche entdeckt. Ein kalter Schauer läuft ihm über den Rücken, als er den leblosen Körper vor sich sieht. Es ist ein Anblick, der ihn bis ins Mark erschüttert. Dort liegt der Mensch, dessen Identität er annehmen wird. Mit der Pistole in der Hand nähert er sich dem Toten, der grau, eingefallen, wächsern und vor allem tot auf einer Holzpalette aufgebahrt ist.

Vor ihm liegt Donovan Bridges, ein Assiniboine aus dem Fort Peck Reservat. Sigurd richtet seine Pistole auf die Leiche, als könnte sie noch eine Bedrohung darstellen. Doch im nächsten Moment wird ihm die Absurdität seiner Handlung bewusst und er fragt fahrig: „Ist alles vorbereitet?"

Andrews zuckt mit den Schultern und blickt Sigurd düster an, als wäre er ein Geist. Seine Mundwinkel verziehen sich zu einem schiefen Lächeln. Er zeigt auf Bridges: „Don hatte kein gutes Leben. Er hat viele schwere Zeiten erlebt. Und er war sehr krank."

Er wechselt jäh das Thema und doziert jetzt wie ein Chemielehrer vor seinen Schülern: „Wir sprengen Polyport mit Dynamit über eine Zeitschaltuhr. Durch eine Mischung chemischer Stoffe, die eine große Energiemenge freisetzen, wird die Detonation ausgelöst. Ich warne jetzt die Minenarbeiter mit dem Signalhorn. Sie haben 15 Minuten Zeit, um Slam zu verlassen."

Sigurd betrachtet die plastischen Sprengkörper, die Andrews überall angebracht hat.

„Von Polyport und Don wird nicht viel übrigbleiben, das ist sicher. Wenn alles nach Plan verläuft, ist die restliche Mine nicht gefährdet. Die Stahltüren halten das Kohlendioxid zurück und verhindern eine größere Druckwelle. Aber es wird einige Zeit in Anspruch nehmen, bis Polyport wieder betreten werden kann."

Er stockt kurz, bevor er weiterspricht: „Wir verlassen die Mine durch einen Wetter- und Notfallschacht."

Sigurd schluckt und stößt hervor: „Ist der Ausstieg gefährlich?"

Andrews lacht spöttisch auf und entgegnet: „Kein Grund zur Aufregung. Der Notausgangsschacht führt direkt in die Berge der Little Rocky Mountains."

Nach einer kurzen Pause fährt er fort: „Es ist an der Zeit, mit der Arbeit zu beginnen."

29. Deshwan Jankoff. Zortman Slam Goldmine. Chayton

Deshwan Jankoff und seine Begleiter beobachten, wie Sigurd in der Mine verschwindet. Wütend feuern sie auf Chayton. Sie sind sich nicht bewusst, was sie anrichten, wenn sie das Sprengstoffdepot neben dem Mineneingang treffen. Dann ertönt ein Knall. Eine Sekunde lang herrscht Stille, bevor das Depot mit einem donnernden Getöse in die Luft fliegt.

Chayton rettet sich vor den herumfliegenden Trümmern und anschließenden Explosionen in die Mine. Er hockt hinter Stahlkisten im vorderen Teil der Grube und atmet tief. Flammen lodern vor dem Eingang des Stollens, der teilweise eingestürzt ist. Die Explosion hat Schuppen, Werkzeuge, Ersatzteile und Maschinen zerstört. Einige Minuten vergehen in atemloser Stille.

Chayton streicht sich nervös über die Haare, wippt mit dem Oberkörper, hält sein Amulett vors Gesicht und murmelt indianische Beschwörungsformeln. Er fragt sich, ob Ronalds Plan mit Sigurd und Donovan Bridges gescheitert ist.

Weitere Detonationen erschütterten das Tal mit kolossalem Lärm. Mehrere Tankanlagen fliegen in die Luft. Der Boden bebt. Rauch breitet sich wie ein Teppich über die Hügel aus und versperrt die Sicht. Minenarbeiter laufen panisch über das Minengelände. Die Katastrophe hat sie in einen Schockzustand versetzt.

Einige versuchen, die Brände mit Feuerlöschern zu löschen. Chayton hört ihre gebrüllten Kommandos über das Knistern der Flammen hinweg. Sein Magen ist ein einziger schmerzhafter Knoten.

Es tut ihm nicht gut, auf eine Antwort zu warten. Er verschwindet in einer dunklen Rauchwolke, um seinen Auftrag zu erledigen.

30. Michael Andrews. Zortman Slam Goldmine

Sigurd rennt um sein Leben. Andrews läuft vor ihm, ruft.

„Rechts! Notausstieg!"

Er winkt Sigurd heran und öffnet die Luke zum Wetterschacht. Sigurd kriecht hinein und robbt sich bis zur Notausstiegsleiter, die senkrecht durch einen schmalen Tunnel nach oben führt. Sein Herz rast, aber er zwingt sich, den Aufstieg so schnell wie möglich hinter sich zu bringen. Andrews treibt ihn zur Eile an. Kaum haben sie die Rettungsluke hochgeklappt, wird die Mine von einer Explosion erschüttert.

Sie hasten einen Hang hinauf. Michael ruft mit belegter Stimme: „Polyport ist zerstört."

Er winkt Sigurd kurz zu, bevor er in einem Birkenwäldchen verschwindet. Sein Job ist erledigt. Doch Michael Andrews hat kein Glück. Deshwan Jankoff hat in der Zwischenzeit Valentin Katajev zum Wetterschacht geschickt, um dort mögliche Fluchtversuche zu vereiteln. Katajev kommt zu spät, sieht aber einen Mann in einem Waldstück verschwinden. Mit gezogener Waffe nähert er sich langsam.

Michael Andrews dreht sich um, als er ein trockenes Hämmern wahrnimmt, ein mitleidloses tak, tak, tak, das seinen Körper wie in Zeitlupe zu Boden zieht. Er riecht die Erde unter sich und spürt die Wärme der Gräser. Er hustet, atmet schwer, hat vergessen, wie.

Michael Andrews schließt die Augen. Katajev tritt neben ihn, dreht den Sterbenden auf den Rücken und atmet erleichtert auf. Es ist nicht Sigurd.

31. Flucht nach Zortman. Montana

Die Stille nach dem infernalischen Lärm hätte Sigurd beruhigen sollen, doch das Gegenteil tritt ein. Sein Herz schlägt ihm bis zum Hals. Er ist nun mal kein hart gesottener Kämpfer und hält sich normalerweise aus Streitigkeiten heraus. Der leichte Westwind weht beißenden Brandgeruch über die Hügel. Es riecht nach verbranntem Gummi, nach Schwefel und Chemie. Die Blätter der Bäume und Sträucher sind schwarz vom Ascheregen. In der beginnenden Dämmerung ragen die ausgebrannten Pickups, Trucks, Kräne und Bagger wie knöcherne Finger aus dem Boden. Der Großteil des Minengeländes ist rußgeschwärzt. Von den Unterkünften, Schuppen und Depots sind nur noch die Fundamente zu sehen. Leichensäcke werden abtransportiert.

Sigurd hält vergeblich Ausschau nach Sarah und Chayton. Er weiß, dass er hier nicht bleiben darf, dass er nach Zortman zurückkehren muss, um mit Ronald die nächsten Schritte zu besprechen. Es darf kein Sigurd mehr existieren. Ein Birkenhain scheint ihm der richtige Ort zu sein, um sich von den Anstrengungen der vergangenen Stunden zu erholen, Atem zu schöpfen und dem allgegenwärtigen Gestank zu entkommen. Nach einer kurzen Ruhepause macht er sich auf den Weg nach Zortman, in der Hoffnung, dort noch vor Einbruch der Dunkelheit einzutreffen. Drei Schüsse fallen in der Nähe. Dann herrscht wieder Stille.

32. Valentin Katajev. Deshwan Jankoff

Valentin Katajev beobachtet auf seinem Weg zur Goldmine noch einen weiteren Mann, der durch die Wälder der Little Rocky Mountains läuft. Sigurd? Er überlegt, ob er die Verfolgung aufnehmen soll. Aber was, wenn es nicht Sigurd ist? Nein, er wird niemanden ohne Deshwan Jankoffs Befehl verfolgen.

Während er seinen Anführer sucht, stolpert er durch Rauch und kleinere Brandherde. Er findet eine angesengte Jacke mit einem kyrillischen Aufnäher, die eindeutig Jankoff gehört. Er ist erstaunt. Was bedeutet das? Ist es möglich, dass Deshwan gefangen genommen oder getötet wurde? Ihm ist, als würde er hier eine Vorschau auf das sehen, was ihn nach seiner Rückkehr in Europa erwartet, falls sie ohne Ergebnis zurückkehren sollten. Katajev wendet sich vom verwüsteten Berghang ab und ist sich nun sicher, dass er hier keinen Jankoff finden wird. Ihm bleibt keine andere Wahl, als zu ihrem vereinbarten Notfalltreffpunkt zurückzukehren. Er hofft, dass er dort seine Kameraden treffen wird.

Deshwan Jankoff gefällt es nicht, dass er ohne seine Leute auf der Suche nach dem Deutschen ist. Er hat keine Ahnung, wo die Männer geblieben sind. Aufgrund des zerstörten Mobilfunknetzes kann er sie auch nicht erreichen. Er vermutet, dass sie sich im verabredeten Notfalltreffpunkt oder in einem der Wäldchen um den Hang herum versteckt halten. Es ist aber auch gut möglich, dass sie sich nach Zortman oder Landusky zurückgezogen haben. Diese Situation ändert jedoch nichts an seinem Problem mit dem Deutschen, den sie lebend gefangen nehmen müssen, um ihn dann in ihrem Versteck in der Nähe von Fort Benton zum Sprechen zu bringen. Ihm bleibt nichts anderes übrig, als weiter nach Sigurd zu suchen. Über die Ostseite des Minengeländes macht er sich auf den Weg nach Zortman.

33. Chayton. Sergej Bajdin. Maxim Ossipow

Chayton besinnt sich auf seinen Auftrag. Durch die Explosion in der Goldmine wurde Donovan Bridges bis zur Unkenntlichkeit verbrannt. Das Problem ist gelöst. Jetzt gibt nur noch ein Ziel: die Russenmafia von Sigurd fernzuhalten. Er hat keine Idee, was als Nächstes zu tun ist. Er benötigt dringend den Rat seines Onkels. Aber das Mobilfunknetz funktioniert nicht.

Aufgewühlt fragt er sich, was aus Sarah geworden ist. Er nimmt sein Halstuch ab und bindet es sich vor Mund und Nase, bevor er sich langsam auf den Weg durchs Minengelände hinunter ins Tal macht. Unwillkürlich streicht er über den Griff seines Revolvers. Die Waffe verleiht ihm Sicherheit. Er weiß, er darf die Gefahr nicht ignorieren, denn es ist nicht auszuschließen, dass die Mafia-Bande immer noch nach ihnen sucht.

Einige Stunden sind seit der Katastrophe vergangen. Die Panik hat sich etwas gelegt. Das Tal ist voll mit Feuerwehrautos, Krankenwagen, Fahrzeugen des Katastrophenschutzes und Polizeiautos, die sich mühsam die Serpentinen hinauf quälen. Spezialisten in Schutzkleidung suchen nach Toten und verwertbaren Spuren in den Trümmern.

Chayton runzelt die Stirn, da er vor sich ein leises, unterdrücktes Räuspern vernimmt. Gegen jede Vorsicht schleicht er sich weiter an das Geräusch heran. Sein Puls pocht ihm in den Schläfen. Eine Mischung aus Angst und Mut im Angesicht einer Gefahr bringt ihn zum Schwitzen. Einer der Kidnapper verlässt seine Deckung und zielt auf Chayton. Chayton feuert dreimal zurück.

Sergej Bajdin hält seine Hand ans Ohr und stöhnt leise auf. Er fühlt da nichts mehr, es ist nur feucht und brennt. Sergej hebt den Kopf und sieht, dass Chayton eine Waffe auf ihn gerichtet hat.

„Warte …", stöhnt Sergej, kann jedoch nicht weitersprechen, da eine Kugel in seinen Bauch einschlägt. Er macht eine halbe Drehung und schlägt auf den Waldboden auf. Seine Pistole liegt vor ihm. Er muss sie nur greifen, aber in seinem Kopf donnert es wie bei einem Gewitter. Sein Unterleib dehnt sich und ein tiefes, klares Summen breitet sich aus.

Er sieht, wie sein Blut wabernd aus ihm herausquillt. Er lächelt, schließt die Augen und sieht das Grün seiner Heimat, während er glücklich über eine Wiese läuft. Aber wie kann er das sehen, wenn seine Augen doch geschlossen sind? Er weiß, dass es jetzt keine Rolle mehr spielt. Er schüttelt den Kopf und sieht einen braunen Schuh. Sergej geht fort. Für immer.

Chayton blickt ohne jede Regung auf Sergej Bajdin, als ihn das Knacken eines Pistolenabzugshahns erstarren lässt. Maxim Ossipow hält seine Waffe direkt an seine Schläfe. Chayton durchfährt ein Schrecken, wie nie zuvor in seinem Leben. Er wird gleich sterben, da ist er sich sicher.

Dabei wollte er doch lediglich seinem Onkel helfen, einem Ausländer gegen gutes Geld eine neue Identität zu verschaffen und dem Stamm und der Familie von Donovan Bridges etwas Geld zu beschaffen. Alle waren einverstanden. Alle wussten, dass es in den Reservaten schlimmere Dinge gibt, als Geschäfte mit den Weißen zu machen. Niemand konnte vorhersehen, dass die Russenmafia für die Ergreifung des Deutschen eine Goldmine in die Luft jagen würde. Und nun war er ihr Gefangener.

Mit Kabelbindern an einem umgestürzten Kran gefesselt, fühlt sich Chayton wie der Protagonist in einem düsteren Horrorfilm. Er fragt sich, wo die anderen Bandenmitglieder der Russenmafia abgeblieben sind. Doch vor allem quält ihn die Frage nach Sarahs Verbleib. War sie verletzt oder gar getötet worden? Allein der Gedanke daran löst in seinem Magen Übelkeit aus.

34. Sarah. Maxim Ossipow. Chayton

Sarah betrachtet neugierig den Ort der Verwüstung. Sie huscht an den verkohlten Überresten der Wracks vorbei, ignoriert den bestialischen Geruch und geht hinunter bis zum ausgetrockneten Flussbett. Überall ist das gleiche Bild der Zerstörung zu sehen. Hinter einem der umgestürzten Kräne vor einem Wäldchen sieht sie für einen flüchtigen Moment dunkle, sich bewegende Schatten. Sie denkt, dass es Minenarbeiter sind, die sich dorthin geflüchtet haben. Plötzlich signalisiert ihr Instinkt, dass dort jemand Hilfe braucht. Sie schleicht sich an das Waldstück heran und kneift ihre Augen zusammen, um schärfer sehen zu können. Sie ist fassungslos und kann kaum glauben, dass Chayton hinter einem zerstörten Kran neben einem Bandenmitglied der Russenmafia sitzt. Sie presst sich mit dem Rücken gegen einen Baumstamm und versucht, ihre beschleunigte Atmung unter Kontrolle zu bringen.

Nein, sie hat sich nicht getäuscht. Die verwaschene Silhouette Chaytons ist immer noch zu sehen.

Ein weiterer Angreifer tritt unvermittelt aus einem nahegelegenen Seitental hervor und setzt sich zu seinem Kumpan. Sarah ist überrascht, dass sich hier noch Bandenmitglieder der Russenmafia aufhalten, obwohl das Minengelände mittlerweile voller Polizisten ist. Beunruhigt fragt sie sich, wo die anderen zwei Kidnapper sein könnten. Sarah spürt den Stahl der Parabellum Selbstladepistole in ihrer Hand und richtet ihren Blick auf den Wald am Rand des zerstörten Hügels. Sie ist eine ausgezeichnete Schützin, aber sie weiß auch, dass sie Geduld haben muss, bis sich eine Gelegenheit zum Angriff ergibt. Dazu muss sie näher an die Kidnapper herankommen. Sie ist sich bewusst, dass sie keinen Fehler machen darf.

Vorsichtig schleicht sie sich an das Lager der Bande heran. Je näher sie den Männern kommt, desto lauter sind wütende, fluchende Männerstimmen zu hören. Ein Körper fällt schwer zu Boden, nachdem er von mehreren Schlägen getroffen wurde. Chayton. Ihr Freund stöhnt auf, was ihr einen tiefen Stich ins Herz versetzt. Es kommt ihr so vor, als hätte Chayton mit seinem Wimmern das Zeichen gegeben, ihn zu befreien.

Eisige Kälte durchströmt sie. In ihr ist jede Menschlichkeit erloschen. Mit wildem Zorn feuert sie mit ihrer Parabellum auf die Männer. Sie stürmt wie ein lebendes Geschoss auf die Verbrecher zu. Katajev und Ossipow sind von Sarahs Attacke völlig überrascht und blicken entgeistert, als Sarah sich hinter einem Baumstamm auf den Boden wirft und immer weiter auf sie schießt. Valentin Katajev reagiert als Erster. Er greift nach seiner Waffe und flüchtete in den Wald.

Es knallt. Maxim Ossipow dreht sich um und möchte zurückschießen. Ärgerlich denkt er noch, dass der Abzug meiner Pistole klemmt. In diesem Moment trifft ihn die erste Kugel, die sich in seinem Bein schnell heiß anfühlt. Die Frau schießt weiter, aber verfehlt ihn. Sein Körper ist angespannt. Ein Teil von ihm möchte in eine dunkle Wolke gehen, aber der andere Teil möchte bleiben. Also bleibt er, sieht wieder klar. Er will laufen, aber sein verletztes Bein zeigt keine Reaktion. Als ihm eine zweite Kugel ins Bein schlägt, stolpert er, stürzt aber nicht. Er fühlt sich härter als alles, was die Frau ihm entgegenschleudern kann: Geschwindigkeit, Hitze, Metall, Entfernung, Zeit. Eine weitere Kugel trifft ihn am Arm, zwei erwischen ihn im Bauch. Er spürt sie und spürt doch nichts. Der Einschlag der Kugeln schiebt ihn nach hinten. Er fühlt sich immer noch unverwundbar.

Als die Frau dicht vor ihm steht, spürt er plötzlich etwas Sanftes in sich, das sich anfühlt, als würde er in eine Stille sinken. Er gibt einen krächzenden Laut von sich, der im Bauch beginnt und durch die Nase und den Mund nach draußen drängt. Das Zucken und

Blubbern des Blutes stören ihn. Die Frau sitzt nun vor ihm und schaut ihn mitleidlos an. Er würde sich gerne auf sie stürzen, sie niederschlagen und vernichten. Er will zupacken, aber schon kriecht wieder die Dunkelheit in sein Blickfeld.

Er versinkt langsam in dem Treibsand, der ihn umgibt. Die Wolken verdunkeln sich immer mehr und der Himmel sinkt tiefer und tiefer. In der Ferne hört er Musik, hört seine Großmutter das Kinderlied singen, das er so sehr geliebt hat: Baju Bajuschki Bajualte. Maxim weiß, dass er getroffen wurde. Er spürt jede einzelne Kugel.

Die Frau fragt, wo Sigurd ist. Er schüttelt den Kopf und murmelt den Namen einer Farm, wie in einem Traum. Langsam sieht er sich aufsteigen, dann erkennt er sich von oben. Er weiß jetzt, dass er eigentlich nie zu sich gefunden hat, dass er nie ein guter Mensch sein durfte, dass er immer nur eine Hülle war. Maxim öffnet die Augen und blickt die Frau an. Die Wunden schmerzen. Jetzt ist ihm nicht mehr, als würde er schweben, sondern eher, als würde er fallen. Der Wind weht über den Hügel hinweg, durch ihn hindurch. Maxim hört das Singen der Vögel. Für ihn. Er muss sich jetzt nicht mehr so schwer machen. Seine Reise führt ihn in ein unbekanntes Land. Die Vögel begleiten ihn, machen ihm das Sterben leichter.

35. Chayton. Sarah

Chayton liegt ohnmächtig am Boden vor einem knorrigen Baum, von den Banditen übel zugerichtet. Seine Lippen sind geschwollen und blutverschmiert, eine offene Wunde klafft auf seiner Stirn. Die Nase ist gebrochen, das Jochbein grün und blau, die Augen von blauen Flecken übersät. Sarah streicht sanft über sein verschwitztes Haar, ihre Augen gleichen dunklen Glasmurmeln. Minuten vergehen, bis Chayton aus seiner Ohnmacht erwacht und verstört über sein Gesicht tastet. Er betrachtet Sarah nachdenklich, bis er plötzlich erschrocken fragt: „Wo ist Sigurd?“

36. Valentin Katajev. Joseph Conrad

Joseph Conrad nimmt die Explosionen zunächst nicht als solche wahr. Aber dann sieht er Leute rennen und stolpern und stürzen und schreien und weinen. Die Geräusche werden nun auch in seinem Kopf und vor seinen Augen zu Explosionen. Er hat keine Ahnung, wo seine Leute sind. Er verlässt seinen Pickup, um sich ein Bild von der Lage zu machen.

Valentin Katajev nähert sich ihm im Flussbett. Ein grimmiger Mann mit einem Sturmgewehr in der Hand, das auf Joseph gerichtet ist. Joseph hört ein nahes, scharfes Pfeifen, und als er versteht, dass es Kugeln sind, die ihn verfehlen, trifft ihn eine in den Hals. Er hätte sich klein machen sollen, sich auf den Boden werfen oder sich totstellen sollen. Aber er hat es nicht getan, und jetzt liegt er auf dem Boden und hält sich den Hals, an dem die Kugel eingeschlagen ist.

Katajev dreht Josephs Kopf zur Seite: „Wo sind die Autoschlüssel?“

Joseph möchte seinen ganzen Körper hoch stemmen, aber er kann es nicht. Der Schlaf schwebt über ihm und scheint ihm nun die beste Idee seines Lebens zu sein. Joseph schüttelt den Kopf, als Katajev das Schlüsselbund aus seiner Hosentasche zerrt.

Joseph erinnert sich an eine Predigt des Priesters, in der er die Kinder davor warnte, dass sie bei Gottlosigkeit im Höllenfeuer für immer in ewiger Verdammnis leben müssten. Die Angst vor diesem Leben sitzt genau in der brennenden Wunde seines Halses, aber sie verschwindet dann auch so schnell, wie sie gekommen ist.

Er spürt, dass sein Ende perfekt ist. So wie er es sich nicht besser hätte wünschen können: Sich keine Sorgen mehr über das zu machen, was kommt.

37. Deshwan Jankoff. Valentin Katajev

Sigurd sitzt vor der Saint Joseph Church und schaut hinunter auf Zortman. Er blickt auf die grünen Hügel und stahlgrauen Felsen, die im Licht des Sonnenaufgangs mild glänzen und wie ein Trugbild aus einer fernen Welt das Tal begrenzen. Zu dieser frühen Stunde hört man in der Kühle der Berge keine Geräusche außer dem Trillern der Vögel und dem Rauschen des Windes. Hier oben fühlt er sich sicher vor den Schatten seiner Vergangenheit, hier ist er allein auf der Welt. Solange er diese Berge nicht verlässt, kann ihm niemand etwas anhaben.

Dennoch fühlt er sich an diesem Morgen in der Idylle des Tals allein gelassen. Wo sind seine Beschützer geblieben? Sigurd steht auf einer Grenze, die man nur überschreiten kann, wenn man es mit freiem Willen tut. Er ist erfüllt von der Schönheit der Berglandschaft, die sich entlang der Täler erstreckt. Er ist beglückt vom Rauschen des Windes, vom Flügelschlag der Vögel, von der Stille, vom Weiß des gleißenden Sonnenlichts.

Seine Gefühle übermannen ihn in diesem Augenblick, in dem er erkennt, dass er mehr Europäer ist, als die Nordamerikaner es je verstehen werden. Er möchte wieder in der Mitte Europas leben, durch Lissabon oder die Algarve, durch die Provence, durch Amsterdam oder Zürich spazieren und die traurigen Provinzstädte Osteuropas bereisen. Sigurd versteht, dass man außerhalb der eigenen Sprache ein Fremder bleibt.

Stimmen schrecken ihn auf. Sigurd wendet den Kopf. Einsatzkräfte der Feuerwehr brechen zu einer Tour in das Katastrophengebiet auf.

Geräusche vor seinem Wohntrailer lassen Sigurd aufhorchen. Ihm ist das leise Knarren der Treppenstufen nicht entgangen. Er greift nach seinem Rucksack, um seine Waffe herauszuziehen. Im selben Moment wird die Tür des Trailers mit derben Tritten aus den maroden Angeln getreten. Zwei dunkel gekleidete Männer drängen sich energisch in den Raum, ihre Blicke voller Entschlossenheit und Gefahr.

Deshwan Jankoff und Valentin Katajev füllen mit ihren massigen Körpern den Raum fast vollständig aus. Entgeistert blickt Sigurd in die Mündung zweier Schnellfeuergewehre. Jankoff brüllt mit schnarrendem Kommandoton: „Mitkommen!“

Seine Lippen deuten ein schmales Lächeln an, während seine mitleidlosen hellblauen Augen Sigurd fixieren.

„Oder soll ich dir eine Kugel in den Kopf schießen?“

38. McKenzie Farm

Das Tal des Missouri Rivers wirkt, als hätte ein mächtiger Pflug Furchen durch die Landschaft gezogen. Die braungrauen Tonwände des südöstlichen Ufers sind spektakulär anzusehen. Die nordwestliche Uferlandschaft fällt über Hunderte Meter sanft ins Tal ab. Auf der Höhe der Ebene erstreckt sich ausgedehntes Farmland. Die McKenzie Farm befindet sich am Rand der Felder. Der Blick auf das imposante Flusstal von dort oben ist beeindruckend.

Deshwan Jankoff und seine Leute haben sich schon vor mehreren Tagen in das leerstehende Farmhaus einquartiert, um dort ungestört die Entführung von Sigurd Paulsen vorzubereiten.

39. Dr. Robert

Sigurd hat Schwierigkeiten, seinen Kopf zu drehen. Etwas hält ihn gefangen. Wenn er sich dagegen wehrt, schießt ein stechender Schmerz durch seinen Kopf. Er friert und sein Atem rasselt. Ein weiterer Stromschlag lässt seinen Körper erzittern. Er stöhnt laut auf. Es dauert einige Zeit, bis die Schmerzen nachlassen. Er kann nichts sehen. Er ist sich nicht sicher, ob er sein Augenlicht verloren hat, ob seine Augen verbunden sind oder ob man ihn in einem dunklen Raum gefangen hält. Seine Hand- und Fußgelenke schmerzen durch die Plastikfesseln. Quälende Übelkeit plagt ihn. Er würgt und erbricht sich röchelnd. Man hat ihn in gebeugter Haltung auf einen Stuhl gefesselt und an eine Maschine angeschlossen, die Geräusche wie ein Elektrobohrer macht.

„Ich werde Sie nun aufwecken", sagt eine Stimme hinter ihm. Aber Sigurd will nicht aufwachen. Wo die Stimme ist, da warten auch die Schmerzen. Er möchte zurück zur Saint Joseph Church. Dort fühlte er sich sicher und geborgen. Es gibt so vieles, über das er nachdenken muss. Seine Erinnerungen drehen sich im Kreis, suchen nach einer Erklärung für seine jetzige Situation. Amerika, denkt er. Ich bin in Amerika und ich werde in Amerika gefoltert.

„Achtung!", ruft die Stimme.

Die Maschine surrt. Sigurd schreit auf. Der Schmerz durchdringt seinen Körper, und zwar schlimmer als zuvor. Es scheint, als würde der Folterer mit einer elektrischen Nadel in seinen Körper stechen. Oder in seine Arme. Oder in seine Beine. Oder in seinen Unterleib. Oder in seinen Hals.

Mit einem Mal wird er in ein grelles Licht getaucht. Er ahnt, dass jetzt das Verhör beginnen wird. Wie ein Mantra wiederholt er: „Hört auf, mich zu quälen. Ihr werdet mich nicht brechen. Ich werde kämpfen."

Obwohl er weiß, wie lächerlich seine Beschwörungen in diesem Moment sind, muntern sie ihn dennoch auf.

Nachdem die Schmerzen abgeklungen sind und sich seine Augen auf die Helligkeit eingestellt haben, blickt er sich um. Er bemerkt, dass er sich autonomer bewegen kann, aber er hat Schwierigkeiten, Oberkörper und Kopf zu heben. Dabei wird ihm bewusst, dass er vollkommen nackt ist. Das erklärt, warum ihm so kalt ist. Er nimmt sich vor, seine Nacktheit zu ignorieren.

„Ihre physiologischen Körpersysteme werden erst in wenigen Minuten wieder einwandfrei funktionieren", erklärt sein Peiniger mit emotionsloser Stimme.

„Gleiches gilt auch für Ihre geistigen Fähigkeiten. Bitte beachten sie, dass alles ausschließlich zu Ihrem eigenen Schutz geschieht."

„Glaube ihm kein Wort", warnt Sigurds innere Stimme.

„Folterknechte wollen dich nicht schützen, sie wollen dir Schmerzen zufügen."

Unter ihm liegt noch sein Erbrochenes auf einer kalten weißen Platte. Der schmale Raum ist keine klassische Folterkammer, sondern ein Labor mit medizinischen und anderen technischen Geräten.

„Sie dürfen sich nun langsam aufrichten."

Sigurds Rückgrat fühlt sich schwer an, als hätte er ein Stahlkorsett getragen. In seiner Brust breitet sich ein flatternder Schmerz aus. Da seine Füße und Hände immer noch von den Plastikfesseln fixiert sind, benötigt er mehrere Versuche, um sich aufzurichten.

„So ist es gut."

Die Stimme gehört einem Mann, um die fünfzig Jahre alt, in einem weißen Kittel und mit einem lächerlich wirkenden kleinen Bärtchen unterhalb der Unterlippe.

„Dr. Robert", stellt er sich mit einer knappen Verbeugung vor. Doktor Robert ist ein schlanker, drahtiger Mann mit einem harten

Gesicht. Er beobachtet Sigurd interessiert, wie ein Wissenschaftler, der den Verlauf eines Tierexperiments verfolgt.

Sigurd stöhnt: „Was machen sie mit mir?“

Er hat Mühe, klare Worte zu bilden.

„Sie verstehen also ihre Situation“, sagt Dr. Robert mit einem Lächeln, ohne auf die Frage einzugehen.

„Was ist das Letzte, an das sie sich erinnern können?“

Sigurd zögert. Einzelne Erinnerungen kehren langsam zurück: Wie er mit Michael Andrews durch einen Wetterschacht aus der Mine kletterte, wie er Michael Andrews aus den Augen verlor und allein nach Zortman zurückkehrte, wo ihn Deshwan Jankoff am nächsten Tag entführte. Ab da ist nur noch Dunkelheit. Aber er ist nicht bereit, Dr. Roberts Frage zu beantworten.

Sigurd schreckt auf, als eine der Maschinen anspringt und monoton zu surren beginnt. Er spannt seinen Körper an und ahnt Böses. Ein heftiger Schmerz schießt durch ihn hindurch, so stark, dass er meint, zu zerbrechen. Er weiß nicht, wie Dr. Robert das gemacht hat, denn er hat keine Elektroden am Leib, keine Nadeln oder andere Folterwerkzeuge in ihn gebohrt. Aber letztlich ist ihm egal, wie die Folter technisch funktioniert, er weiß nur, dass diese Maschine ihn quält.

„Sie müssen mit mir zusammenarbeiten, sonst machen sie alles nur noch schlimmer.“

Doktor Robert mustert ihn erneut mit seinen kalten Augen und fragt: „Woran erinnern Sie sich?“

Sigurd denkt nach. Was ist aus Sarah und Chayton geworden? Sind sie noch am Leben? Sind sie in Sicherheit? In diesem emotionalen Moment verliert er beinahe vollkommen seine Fassung, aber wegen der Angst vor weiteren Schmerzen sagt er kein Wort davon zu Dr. Robert. Sigurd ist sich sicher, dass der Doktor ihn nicht sofort töten wird, aber er ist sich auch sicher, dass er in diesem

Raum sein Leben verlieren wird, falls er keine Lösung für eine Flucht findet. Da er jedoch nicht den Hauch einer Idee hat, bleibt ihm nichts anderes übrig, als auf Dr. Robert einzugehen.

„Das letzte, an das ich mich erinnern kann, ist die Entführung aus meinem Wohntrailer. Und jetzt hören sie auf, mich weiter zu quälen."

Auf Dr. Roberts Stirn bildet sich eine kleine, senkrechte Stirnfalte, während sich sein Mund zu einem schrägen Lächeln verzieht.

„Das wird Ihnen der Kommandant erklären, wenn es so weit ist."

Sigurd denkt: 'Der Kommandant, welcher Kommandant?'

„Er hat große Pläne mit ihnen", sagt sein Peiniger und lacht freudlos.

40. Chayton

Sarah hatte die Idee, sich wie Indianer auf dem Kriegspfad zu kleiden, mit Federn und Perlen, und so aufgeputzt mit den vier Kanus bis zur McKenzie Farm zu paddeln. Chayton öffnet seinen Rucksack und holt seine Indianertracht heraus. Es ist viele Jahre her, seit er sie zum letzten Mal zu einem Tanzwettbewerb angezogen hat. Seine Tracht sitzt nicht richtig. Sie ist ihm zu klein geworden. Sarah hilft ihm dabei, die bunte Kleidung anzuziehen. Er macht ein paar Tanzschritte. Die Federn wippen hin und her.

Er fühlt sich in dem Tanzkostüm nicht wie ein Indianer. Er ist lediglich als Indianer verkleidet, mit Federhaube, einem kunstvoll mit Stachelschweinborsten und Perlen bestickten Lederhemd, einem Umhang aus Bisonfell und bunten Leggings und Mokassins, deren Nähte mit Haar- und Lederfransen besetzt sind.

Chayton steht unschlüssig vor den schaukelnden Kanus und fühlt sich immer noch wie die Kopie eines Indianers. Er strafft die Gurte seines Rucksacks, damit seine Waffen während der Flussfahrt nicht nass werden. Sarah beobachtet ihn mit einem prüfenden Blick. Ihr Freund sieht in seiner bunten Indianerkleidung, der schwarzen Nasenschutzmaske, seiner geklammerten Stirnwunde und seinen aufgeplatzten Lippen und blauen Flecken abenteuerlich aus.

Sechs weitere indianische Kämpfer steigen aus einem Transporter. Auch sie sind in voller Tracht gekleidet. Ein furchteinflößender Indianer mit einer Halskette aus geschrumpften Wolfsohren springt heraus, und hebt zunächst einen Fuß, dann den anderen, immer wieder und immer schneller, sodass die Federn nur so wackeln.

Chayton ist fasziniert von den Männern, die zwar genauso angezogen sind wie er, sich aber auch kostümieren mussten, um wie Indianer auszusehen. Er ist umgeben von indianischen Farben und Mustern, Pailletten auf Lederhemden und Vogelfedern an Pfeilen, von Rasseln und Glöckchen mit Patronenhülsen, Haarspangen und Armreifen. Hinter sich. Links und rechts. Sie tanzen, singen und schlagen auf eine Trommel, bevor sie in die Boote steigen und sich auf den Kriegspfad begeben. Jetzt kommen sie ihm wie echte Indianer vor.

41. Deshwan Jankoff. Verhör

Dr. Robert schiebt Sigurd in einem Rollstuhl in den geräumigen Wohnraum. Sigurd, dessen Gesicht von Apathie gezeichnet ist, wirkt wie versteinert. Sein verblichener grauer Trainingsanzug hängt schlaff an seinem Körper, während sein kurz geschorener Kopf bedenklich zittert und seine Arme unkontrolliert zucken. Als ihm bewußt wird, dass sich sein Schicksal in diesem Raum entscheiden wird, packt ihn eine trotzige Wut, die ihm ungeahnte Kraft verleiht. Entschlossen löst er den Anschnallgurt des Rollstuhls und versucht, zur Haustür zu laufen. Doch seine Beine fühlen sich verdreht und wackelig an, als würde er auf Spiralen gehen.

Deshwan Jankoff beobachtet amüsiert, wie Dr. Robert einen Arm um Sigurds Hüfte legt und ihn zum Rollstuhl zurückführt. Sigurd schüttelt heftig den Kopf, als der Arzt versucht, ihn wieder anzuschnallen. Ein Nicken von Jankoff reicht aus, um Dr. Robert davon abzuhalten.

Doch die Gedanken an das, was nun geschehen wird, steigern Sigurds Groll. Er spürt, wie sich die Anspannung in ihm zu einem gewaltigen Sturm aus Zorn und Entschlossenheit verdichtet. Jankoff setzt sich direkt vor den Rollstuhl und fixiert Sigurd mit einem Ausdruck unerbittlicher Aggressivität. Erst jetzt fallen Sigurd die kantigen Züge und der wulstige Hals Jankoffs auf. In dem stillen Duell zwischen den beiden Männern verbreitet sich die bedrohliche Atmosphäre wie eine bösartige Infektion.

Doch plötzlich ändert Jankoff sein Verhalten und zeigt sich heiter und gelassen.

„Komm, Sigurd, wir sollten es schnell hinter uns bringen. Du sagst uns, wo wir die Bitcoin-Schlüssel finden. Dann kannst du nach Hause gehen."

Er flüstert, als ob er nicht möchte, dass Valentin Katajev etwas versteht.

„Komm schon, komm! Du möchtest doch nach Hause, du möchtest doch zu Charlotte, oder etwa nicht?"

Die Klimaanlage weht frische Luft durch den Raum und weckt bei Sigurd Fantasien von Wüstensand, Meerdünen und Salzsalinen.

„Sigurd!", ruft Jankoff beleidigt, „hörst du mir überhaupt zu?"

Er reicht ihm eine Wasserflasche.

„Trink etwas und konzentriere dich. Sobald wir fertig sind, kannst du gehen. Also nochmal von vorn: Wo finden wir deinen privaten und öffentlichen Schlüssel für die Bitcoins und die Zugangsdaten der Bank? Wo hast du diese Daten versteckt?“

Sigurd murmelt Unverständliches, wie nach einer Narkose: „Langsam ... Augenblick mal ... Ich bin noch nicht bereit ... Ich weiß nicht, wie ... Vielleicht eine Lösung ...“

Jankoff springt wutentbrannt auf. Seine Stimme klingt nun ein wenig wie die eines Jungen in der Pubertät. Sein Zeigefinger wedelt durch die Luft.

„Erzähl mir doch nichts! Du bist ein Betrüger und Dieb. Du hast gelogen und gestohlen.“

Er nähert sich Sigurd, bis ihre Köpfe nur noch wenige Zentimeter voneinander entfernt sind. Ohne sich zu berühren, hängen sie in dieser Schwebe und fixieren einander mit starrem Blick. Sekunden später führen ihre negativen Schwingungen zu einer aggressiven Resonanz und Jankoff faucht grimmig: „Sigurd, du bist ein niederträchtiger Mensch. Du bist nicht anders als wir. Los, sag mir, wo du die Zugangsdaten hinterlegt hast. Und spiel hier nicht den Helden! Gib uns unser Geld zurück.“

Seine Hand klopft auf die Rollstuhllehne: „Lass uns die Spielchen beenden. Sigurd, begreif doch endlich, dass sich meine Auftraggeber nicht über die 80 Millionen aufregen. Sie regen sich darüber auf, dass sie betrogen wurden. Und das können sie nicht dulden.“

Valentin Katajev hört aufmerksam zu und wartet darauf, dass Jankoff ihn heranwinkt, um Sigurd mit Gewalt zum Sprechen zu bringen. Er beobachtet die Umgebung der Farm vom großen viergeteilten Panoramfenster aus, als er plötzlich das Verhör mit der emotionslosen Stimme eines Nachrichtensprechers unterbricht: „Auf dem Missouri sind Indianer mit Kanus unterwegs.“

Jankoff rollt mit den Augen und meint ironisch: „Oh, das ist ja interessant."

Katajev schüttelt den Kopf und sagt: „Sie sind in ihrer indianischen Tracht unterwegs."

Jankoff schaut sich die Boote vom Fenster aus an und lacht: „Die machen ein Kanu-Wettrennen. Behalte sie im Auge."

Sigurd atmet tief ein und fällt mit Schwung in den Rollstuhl zurück, wobei er einen Finger um die Öffnung der Wasserflasche kreisen lässt. Er blickt Jankoff mit eisiger Miene an und schleudert ihm entgegen: „Du bist doch der brutale Killer. Sag doch, dass ich nach der Schlüsselübergabe getötet werde. Na los, sag es schon." Seine Stimme klingt faserig vor verzweifelter Wut. Ein Schaudern durchfährt ihn, als er die Worte ausspricht. Es gibt kein Geheimnis mehr vor Jankoff, das er verschweigen muss. Diese Erkenntnis bringt seine Gedanken zum Taumeln, während die düstere Realität der Situation ihn sofort wieder einholt.

Jankoff antwortet: „Tod, Mord – mein Gott ... Mann, das ist doch alles Unsinn, was du da erzählst! Kannst du dir nicht etwas anderes vorstellen? Eine Entschuldigung wäre eine gute Idee. Oder die Suche nach einer Lösung. Sag, was planst du mit deinem Leben, wenn du durch diese Tür hindurchgehen wirst, sobald wir das erhalten, was uns zusteht?"

Bevor Sigurd antworten kann, fährt Jankoff aggressiv fort: „Was hast du dir bei dem Betrug gedacht? Du hast doch gesehen, dass es sich um große Summen handelte. Gib doch zu, dass du alles getan hättest, um an das Geld zu kommen."

Sigurd spürt, dass sich die Resonanz in Jankoffs Stimme und sein Schwingungsfeld drastisch verändert hat und er bald eine Entscheidung herbeiführen wird.

„Also, komm schon! Sag mir, dass du keine Skrupel hattest, denn sonst hättest du dieses Risiko nicht in Kauf genommen? Wolltest du Leben in dein Leben bringen? Sag mir nicht, dass du das für deine Familie oder deine Freundin gemacht hast.“

Jankoffs Worte fressen sich durch Sigurds Gehirn wie Säure durch Metall.

„Nein“, stöhnt Sigurd,

„Ich habe es nur für mich selbst getan.“

Jankoffs Anschuldigungen werden zu Knetgummi, zu öliger Schmiere, werden zur Wahrheit. Er darf sich nicht mehr belügen, gerade jetzt, wo seine Zeit abgelaufen ist.

Aber Jankoff ist noch nicht fertig mit seinen Vorwürfen: „Du hast Igor Karnowskis Handy ausspioniert und deinem Auftraggeber Besfort Pasha nicht alle Daten übergeben, weil du den E-Mail-Account mit den Bitcoin-Bewegungen entdeckt hast. Und du konntest nicht widerstehen, als du dann auch noch die Passwörter aufgespürt hast. Du warst entschlossen, zu betrügen, warst bereit, das gefährliche Wagnis einzugehen.“

Jankoff fährt fort: „Du hast in einem einzigen Moment zwei Menschen betrogen und damit bist du auch für den Tod des Albaners und Karnowskis verantwortlich. Wir können jetzt weiter über Schuld und Strafe diskutieren, ohne dass wir zu einem Ergebnis kommen. Aber ich habe nicht mehr viel Zeit, um das hier zu erledigen. Ich bin bereit, Grenzen zu überschreiten, um meinen Auftraggebern ihre 80 Millionen zurückzugeben. Du weißt genau, was ich meine. Deswegen brauche ich jetzt alle Informationen, um das Geld noch heute auf ein anderes Bitcoin-Konto überweisen zu können. Also: Wo sind die Schlüssel und die Zugangsdaten zu deiner Kryptobank?“

Sigurd überlegt lange. Für Jankoff zu lange. Vor Wut schlägt er ihm mit der flachen Hand ins Gesicht und schreit ihn mit wutverzerrtem Gesicht an: „Willst du noch eine Sonderbehandlung?“

Sigurd reibt sich die Wange und brüllt zurück: „Bitcoin gegen mein Leben. Kannst du mir das garantieren?"

Jankoff lacht höhnisch auf auf und klopft mit seinem Zeigefinger mehrfach auf seine Brust.

„Ich ga-ran-tiere dir dein Leben."

Sigurd schüttelt den Kopf und lächelt schmal. Herrisch winkt Jankoff Valentin Katajev heran und nickt mit dem Kopf zu Sigurd hin, bevor er zum Fenster tritt und verblüfft fragt: „Wo sind die Indianer?"

42. Sarah. Valentin Katajev. Deshwan Jankoff. Dr. Robert. Chayton

In diesem Moment fliegt die Wohnungstür auf, und eine Lärm- und Blendgranate poltert in den Raum. Die Flashbang explodiert mit einem lauten Knall und blendet mit ihrem schrecklichen Licht. Alle im Raum schließen die Augen und halten sich die Ohren zu. Doktor Robert eilt verwirrt hin und her, um Sigurd zu finden. Als die Assiniboine und Sioux, mit Pistolen und Gewehren bewaffnet, in ihrer Kriegstracht und mit Kriegsgeheul den Wohnraum stürmen, fallen erste Schüsse. Mit der emotionalen Gleichgültigkeit von Männern, die niemandem etwas schuldig sind, schießen sie auf die Verbrecher.

Chayton sieht Sigurd vor dem Labor sitzen. Er läuft auf ihn zu und sieht die Folterspuren. Vor Wut ballt er die Fäuste. Sigurd hat die Augen immer noch geschlossen. Chaytons Nasenmaske ist verrutscht. Er umarmt Sigurd. Seine Maske schabt über Sigurds kurzgeschorenen Kopf. Deshwan Jankoff läuft die Treppe zu einer Holzbalustrade hinauf. Er verschanzt sich hinter einer Kommode und feuert auf die hereinstürmenden Krieger.

Valentin Katajev versteckt sich hinter dem Sofa, das vor dem Panoramafenster steht. Er schießt über die Sitzlehnen hinweg auf die Angreifer. Sarah schleicht um das Haus herum. Als sie Katajev hinter dem Sofa hocken sieht, verzieht sich ihr Mund zu einem verächtlichen Lächeln.

Katajev sieht aus den Augenwinkeln einen Schatten. Er schaut zum Fenster und sieht den glitzernden Missouri River und die imposanten Hügel der Uferlandschaft. Aber er sieht auch den silbernen Lauf eines Sturmgewehrs, das direkt auf ihn gerichtet ist. Bamm. Ein lauter Knall, die Fensterscheiben klirren, das Glas zerfällt in tausend Stücke und übertönt alle anderen Geräusche.

Katajev fühlt das Projektil durch seinen Körper rasen und spürt sofort die trichterförmigen Zerstörungen seines Gewebes. Eine Indianerin beobachtet ihn aufmerksam durch das zerstörte Fenster. Sie verschwindet kurz darauf wie von Zauberhand. Er sieht wieder den Fluss und die Uferhöhen. Schüsse wummern durch das Haus. Schreie füllen die Luft. Valentin Katajev hat kein Interesse mehr daran. Er wünscht sich Ruhe. Er ist müde und fällt in einen tiefen Schlaf, aus dem er nicht mehr erwachen wird.

Deshwan Jankoff hört die Kugeln, das Knallen und das Pfeifen der Kugeln. Der Sturm der Gewalt rückt immer näher an ihn heran. Er schießt auf einen Indianer, der am Boden liegt und trifft ihn am Arm. Er kann nicht verstehen, warum die Indianer ihre Tracht tragen. Es kommt ihm seltsam vor. Wie in einem Theaterstück.

Er blickt zu Chayton hinunter, der unruhig mit einem Fuß wippt und dadurch leichtfüßig wirkt, so als wäre er zum Tanzen bereit. Jankoff feuert zwei Kugeln auf ihn ab. Chayton stolpert rückwärts und fällt zu Boden. Im Liegen zielt er auf Jankoff und trifft ihn mit einem Streifschuss an der Schulter. Vor Zorn bebend schießt Jankoff in den Wohnraum, aber seine Kugeln schlagen nur in Möbelstücke oder Wände ein.

Sarah steht plötzlich mit ihrem Sturmgewehr seitlich der Balustrade, wo Jankoff sie nicht sehen kann. Bamm. Bamm. Zwei Kugeln treffen seinen Körper. Jankoff brüllt wütend auf. Nicht wie ein Mensch, sondern eher wie ein Tier. Der Schockschrei dringt durch seinen Körper wie eine eruptive Schallwelle und lässt ihn zu Boden fallen. Er spuckt Blut. Er will weiteratmen, aber seine Atmung ist nur noch ein Gurgeln und Brodeln. Mit seinem letzten Atemzug fällt sein Kopf zur Seite.

Chayton bemerkt, dass ihn eine Kugel von Jankoff im Oberschenkel getroffen hat. Die Wunde tut höllisch weh. Plötzlich steht Dr. Robert vor ihm. Er hält eine Waffe in der Hand, die auf Chayton gerichtet ist.

Chayton denkt noch: „Wer ist das?" Und: „Wo ist Sigurd?", als eine Kugel in seinem Unterleib einschlägt.

Er spürt in seinem Bauch ein Völlegefühl, als hätte er zu viel Wasser getrunken. Sein Kopf liegt auf dem kalten Fliesenboden des Wohnraums. Wie durch eine Lupe sieht er dort überdeutlich jedes Staubkorn, jeden Fussel, jede Brotkrume.

Sarah sitzt neben ihm und kann kaum verstehen, was Chayton ihr zuflüstert: „Ich bin getroffen. Ich brauche einen Arzt. Schnell!"

Doktor Robert flüchtet in sein Folterlabor. Sigurd ist sich sicher, dass er die Foltermaschine aktivieren will, um ihn zu töten. Er taumelt hinter ihm her, hat einen Schwächeanfall und muss sich am Türrahmen festhalten. Dr. Robert steht schon am Schaltpult. Sigurd greift nach einem Kabelmesser, Dr. Robert nach seiner Pistole. Sigurd ist voller Hass über die erlittenen Demütigungen und Schmerzen, die ihm sein Peiniger zugefügt hat. Wie im Rausch rammt er seinem Folterknecht das Messer in den Bauch. Dann stößt noch einmal zu und noch einmal und noch einmal und noch einmal. Er fühlt sich, als würde er auf sich selbst einstechen. Doktor Robert atmet nicht mehr. Das Farmhaus verharrt in Stille.

Sigurd wird von einem Tsunami der Gefühle erfasst. Er weiß, die Welt des Sigurd Paulsen ist nun für immer vergangen.

Sarah betritt das Labor, umhüllt von einer Aura, die den Raum mit einer unsichtbaren Energie erfüllt. Die Spannung liegt schwer in der Luft, die Stille ist fast greifbar, als ihr Blick auf den am Boden liegenden Dr. Robert fällt. Ein knappes, schmales Lächeln huscht über ihre Lippen, während sie kühl und beiläufig sagt: „Gut gemacht, Sigurd."

Sigurd nickt stumm, doch ihre Worte hallen in seiner Seele nach und versetzen ihm einen tiefen Stich. Er hat einen Menschen getötet. Er hat das fünfte Gebot gebrochen.

Sarah wendet sich ab und kehrt mit zielstrebigen Schritten in den Wohnraum zurück. Für einen Moment scheint es, als würde sie die Szenerie wie die Inszenierung in einem Vergnügungspark betrachten. Die Kämpfer in ihrer Tracht, die Verletzten und Toten auf dem Boden – wie bei einem Massaker.

Chaytons Augen sind geschlossen, seine Lider flattern. Sarah legt ihm zwei Finger an den Hals und spürt seinen schwachen Puls. Ihr verzweifelter Schrei nach Hilfe dringt durch die bedrückende Stille des Wohnraums.

43. Ronald Richards. Hospital

Sigurd liegt auf der Rückbank eines Ford-Transit. Er keucht und sieht ziemlich grau aus. Kaum liegt er auf der Rückbank des Autos, fällt er in eine tiefe Bewusstlosigkeit. Ronald öffnet die Schiebetür und raunt mit einem Lächeln: „Sigurd, deine Reise ist zu Ende."

Er gibt dem Fahrer ein Zeichen und der Ford braust davon.

Ronald Richards öffnet die Tür eines weiteren Transporters und blickt mitleidsvoll auf seinen Enkel. Er nimmt Sarah in den Arm und flüstert ihr zu: „Chayton ist lebensgefährlich verletzt. Wir bringen ihn in das Krankenhaus von Box Elder, wo er operiert wird. Sie warten dort bereits auf ihn."

Ron startet den Chevy Van. Chayton liegt auf der Rückbank.

„Okay", sagt Sarah und legt seinen Arm um ihre Schulter, um ihn aufrichten zu können. Er stöhnt etwas, aber er wirkt gefasst.

„Sie ist durch meinen Körper durchgegangen", murmelt Chayton. Sarah fragt sich, ob das gut oder schlecht ist. Sie rüttelt ihn und schreit ihn die an, dass er wach bleiben müsse. Aber Chayton ist bewusstlos, als sie am Hospital ankommen.

„Du musst jetzt aufwachen, Chayton", fleht ihn Sarah an.

„Wir sind da."

Chayton reagiert nicht. Die Tür der Notaufnahme öffnet sich. Krankenpfleger hasten mit einer elektrischen Fahrtrage zum Transporter und verschwinden kurz darauf mit Chayton im Gebäude.

Sarah und Ronald warten auf den Arzt, der sie über die Operation informieren wird. Es gibt nichts, was sie tun können, außer Warten. Eine Ärztin kommt mit wehendem Arztkittel auf sie zu. Nur eine Ärztin. Sarah glaubt, dass es ein gutes Zeichen ist. Sie nimmt an, dass Todesfälle zur moralischen Unterstützung lieber zu zweit mitgeteilt werden. Sie kann der Ärztin nicht ins Gesicht sehen. Sie ist sich nicht sicher, ob sie die Wahrheit hören oder nicht hören möchte. Sarah atmet tief durch. Die Ärztin lächelt kurz, bevor sie eine Stellungnahme abgibt.

44. Donovan Bridges – ein neuer Mensch

Donovan Bridges hatte ursprünglich geplant, den Tag in Port Angeles zu verbringen. Er stellte sich ein kleines Fischerdorf mit Hafen, Masten, Holzhäusern und freundlichen Einwohnern vor.

Aber dann lohnt es sich nicht, dort zu bleiben. Die Stadt wird von Gewerbebetrieben, Parkplätzen, Fähranlegern, Autowerkstätten, Tankstellen und Müllcontainern geprägt. Eine große Papierfabrik und Industrieanlagen mit mächtigen Öltanks laden ebenfalls nicht zum Sightseeing ein.

Bridges verlässt Port Angeles mit einer Fähre und fährt weiter nach La Conner, Washington. Das Städtchen liegt idyllisch am Swinomish Channel. Hübsche Holzhäuser schmücken den Kanal, auf dem schneeweiße Boote ankern. Rasenflächen, Gartenanlagen und Bäume und Sträucher wirken gepflegt. Ein wohlhabendes Dorf mit einer hohen Lebensqualität. Die Bewohner zeigen ihren Reichtum ohne jede Angeberei. Hier und dort stehen glänzende Limousinen vor den schmucken Häusern. Sogar der blaue Himmel wirkt wie blank geputzt. Egal, wohin er geht, überall ist skandinavische Idylle zu sehen. Vor den meisten Häusern weht das Sternenbanner.

Donovan Bridges hat für den Abend einen Flug von Seattle nach Mexiko-City gebucht. In der Morgendämmerung schlendert er durch den mondänen Hafen, vorbei an den verankerten Schiffen. Er blickt von der Mole auf die langen, dicken Taue, die die Boote halten. Niemand ist um diese Zeit auf den Beinen. Es fährt kein Auto oder Bus. Er kann mitten auf der Straße gehen. Plötzlich plagt ihn Langeweile. Er setzt sich auf die Hafenmauer und spürt den rauen Mörtel. Seine Füße pendeln hin und her. Er friert ein wenig. Es ist noch zu früh, um einen Kaffee zu erhalten.

Er hat keine Ahnung, wo seine Zukunft liegen wird, er weiß lediglich, dass er Amerika eigentlich nicht verlassen sollte. Er vermisst Charlotte. Soll er ihr den Grund für sein Verschwinden erklären? Soll er dieses Risiko eingehen? Er überlegt, eine Münze zu werfen. Aber er hat sich schon entschieden. Dennoch wirft er eine Half

Dollar Münze in die Luft. Er hebt sie vom Boden auf, ohne hinzuschauen, ob es sich um Kennedys Kopf oder das Präsidentensiegel handelt.